LE KONGO 1350-1880

Plus qu'un royaume, un très vaste empire au cœur de l'Afrique centrale

Amadou Ba

Mentions légales

Sturgeon Falls Ontario Canada

2024

ISBN :

9 781777 742836

Les Éditions AB Alke Bulan

Du même auteur

- *L'Empire du Songhay (1464-1591). Diversité et tolérance ethnique en Afrique de l'Ouest médiévale*, Éditions AB, mai 2021.

- *L'Afrique des Grands Empires (7ᵉ-17ᵉ siècles). 1000 ans de prospérité économique, d'unité politique, de cohésion sociale et de rayonnement culturel*, Éditions AB, DÉCEMBRE 2020.

- *L'Histoire oubliée de la contribution des esclaves et soldats noirs à l'édification du Canada (1604-1945)* publié chez Éditions Afrikana, Montréal, (Qc) 2019, republié chez Éditions AB Sturgeon Falls (ON) Canada 2021.

- *Quelles valeurs transmettre aux jeunes du XXIᵉ siècle*, Éditions pour Tous, Montréal Qc 2016.

- *Les "Sénégalais" à Madagascar, militaires ouest-africains dans la conquête et la colonisation de la Grande-Île (1895-1960)*, Harmattan Études africaines, Paris, 2012.

Dédicaces

À mes enfants et à tous ceux qui m'ont soutenu et accompagné dans ce travail.

Je dédie également ce livre à la jeunesse panafricaniste consciente.

À tous ceux et celles qui veulent mieux connaître ce que fut le grand empire du Kongo qui s'talaient sur une superficie de plus de 4 millions de Kilomètres carrées, plus vaste que l'Europe de l'Ouest mais injustement désigné sous le terme de royaume.

À tous ceux et toutes celles qui luttent pour l'Afrique des LIBERTÉS, une Afrique débarrassée du néocolonialisme, de la Françafrique, des dictatures et de toutes les formes de dominations intérieures et extérieures.

Remerciements

Mes très authentiques remerciements à tous ceux et celles qui m'ont soutenu dans ce projet. Vous avez consacré une partie de votre précieux temps à la relecture de mon manuscrit sur l'Afrique des Grands Empires d'où est tiré de livre sur l'empire du Kongo. Vos corrections, suggestions, remarques, critiques et soutiens tech- niques m'ont été très utiles. Je veux nommer: Sovi Lambert, Kristina Bernier et Dr Amélie Hien. Junseo Lee a apporté une aide déterminante à la conception de la couverture et du site Web. Anne Louise Heubi s'est illustrée par ses compétences de directrice artistique et la révision créative.

Citations

"L'homme renfermé a de mauvaises mœurs." Proverbe des peuples de l'ancien empire du Kongo.

« Tant que les lions n'auront pas leurs propres historiens, les histoires de chasse continueront à glorifier le chasseur ». (Proverbe africain).

« Si les Africains ne racontent pas l'Afrique, elle disparaîtra ». (Ousmane Sembène, un écrivain, réalisateur, acteur et scénariste sénégalais)

« La négation de l'histoire et des réalisations intellectuelles des peuples africains noirs est le meurtre culturel, mental, qui a déjà précédé et préparé le génocide ici et là dans le monde ». (Cheikh Anta Diop, historien, anthropologue, et homme politique sénégalais).

« Si tu abandonnes ta spiritualité pour adopter celle de ton agresseur, tu deviens son esclave à jamais ». (Dicton asiatique).

« Notre seule faiblesse c'est d'ignorer notre force ». (Felwin Sarr, professeur d'université, économiste, philosophe et panafricaniste) extrait de "Traces et discours aux Nations africaines", discours prononcé à l'occasion de l'ouverture du Musée des Civilisations noires le 6 décembre 2018 à Dakar au Sénégal.

« Les grands empires médiévaux africains nous enseignent que ce qui nous unit est de loin plus fort, plus beau et plus vrai que ce qui nous désunit ». (Amadou Ba, historien, chercheur et écrivain).

"Même si le léopard dort, le bout de sa queue ne dort pas." De Proverbe kongo.

Avant-propos

Revisiter l'empire du Kongo est aujourd'hui une urgence dans compte tenu de ce qui se passe aujourd'hui dans les territoires faisant partie de ce vaste État précolonial au cœur de l'Afrique. L'histoire de l'Afrique avant l'arrivée des explorateurs, missionnaires, militaires et colonisateurs européens est une histoire reléguée au second plan. Pire que cela, elle méjugée, dépréciée et mésestimée. Qu'il s'agisse de l'Ancien empire du Kongo, du Mali, du Kane-Bornou ou encore du Monomotapa et j'en passe, une chose est certaine : la glorieuse histoire du continent a non seulement été niée, falsifiée par le dominateur colonial européen, mais plus grave, l'Afrique postcoloniale n'a jamais eu le courage, la volonté politique et la prise de conscience intellectuelle de remettre les pendules à l'heure et de former sa jeunesse à mieux connaitre le passé glorieux du continent, de s'en approprier afin de reconstruire le continent déchiqueté et démoli par les Européens. L'histoire, la vraie histoire précoloniale de l'Afrique n'est pas suffisamment enseignée dans les écoles des différents pays du continent et elle est totalement mise à l'écart dans les programmes scolaires des autres pays du monde qui sont pourtant en relation avec l'Afrique depuis plusieurs siècles. La diaspora africaine et les Afro-descendants sont très peu informés de l'histoire africaine précoloniale. Ensuite parce que très souvent l'histoire de l'Afrique dans sa globalité est présentée sous une manière très dévalorisante. L'historiographie moderne héritée de l'eurocentrisme veut et exige que l'on commence à apprendre et que l'on retienne de ce continent que sa colonisation par l'Europe, les écrits mensongers et manipulateurs d'explorateurs, de missionnaires, de colons, qui tous avaient une seule et unique mission, laver le cerveau de l'Africain afin de lui séparer de son glorieux passé et en faire un être sans aucune identité. Ceci donne très peu d'espace pour mentionner les grands empires africains comme le Songhay, le Kongo, le Benin, le Monomotapa, l'empire d'Éthiopie, etc.

Pourtant, ceux qui prennent la peine de fouiller, d'investiguer, de chercher, d'analyser, de confronter les différentes sources à la fois laissées par des étrangers mais aussi écrites par des Africains, pour tous ceux qui s'intéressent aux sources orales et archéologiques et les ajoutent aux sources écrites, découvrent que l'Afrique médiévale s'est aussi et surtout démarquée par l'existence en son sein de très vastes, prospères et puissants empires et royaumes. Le Ghana, premier empire noir connu, est sorti directement selon les sources archéologiques du néolithique de Dar Tichitt-Walata (Ould Khattar, 1995). D'après d'autres auteurs et traditionnalistes ouest-africains, l'origine du Wagadou (ou Wagadu futur Ghana) est liée à la décadence de l'Égypte et à l'émigration de certains peuples de l'est vers l'ouest. Inutile de rentrer dans ce très long débat ici. Ce qui est important, c'est surtout de retenir que le royaume du Wagadou, qui allait engendrer le futur empire du Ghana, est détenteur d'une histoire qui s'étale sur plusieurs siècles. Le Ghana après son déclin est succédé par un autre grand empire le Mali, qui a son tour est remplacé par le Songhay. Ces trois empires qui ont prospéré dans la région de la savane et du sahel ouest-africaine ont une longévité de 900 années, c'est-à-dire entre les 7e et 16e siècles. Si on s'intéresse à l'Afrique centrale, on découvre la même histoire avec les Kongo qui domina cette région d'Afrique pendant plusieurs siècles. Enfin, notons que l'Afrique contemporaine est présentée et perçue dans le reste du monde comme le seul continent qui n'a apporté aucune contribution à la construction et à l'avancement de l'Humanité. Ceci est surtout une conséquence de plusieurs siècles d'injustice, de mépris et de souffrance vécus par les Africains noirs à travers les traites esclavagistes des conquérants Arabo-musulmans et des Européens et le fait que l'histoire de ce continent ait été très majoritairement écrite par des non Africains mettant en avant les idées préconçues, des partialités, etc.

Pour toutes ces raisons, il est par conséquent crucial d'écrire la vraie histoire de l'Afrique et notamment celle de ses plus belles pages, à savoir la réalisation de très grands empires qui ont traversé plusieurs siècles. Le livre sur le vaste empire du Kongo propose de revisiter une bonne partie l'histoire médiévale du continent dans sa partie centrale et australe en faisant ressortir une période faste, prospère économiquement, une unité politique et un empire soudé socialement et qui a donné naissance à un fonds culturel commun visible dans les différents groupes ethniques.

Comprendre et s'approprier l'histoire des grands empires médiévaux d'Afrique comme le Kongo, aiderait les jeunes générations africaines à avoir une meilleure prise de conscience historique, une conscience large et profonde pour mieux se préparer à affronter l'avenir. L'histoire ce n'est pas seulement du passé, c'est un passé contemporain qui est présent en chaque individu et lui sert de repère, de boussole vers le futur. À l'heure où les États africains postcoloniaux font face à de nombreux défis y compris, le développement économique, l'unité politique et la cohésion sociale, il est plus que nécessaire de revenir sur les plus belles pages du gigantesque empire du Kongo, un des derniers des grands empires de l'Afrique précoloniale qui a perduré jusqu'en à la fin du 19e siècle comme royaume après sa phase de déclin au 17e siècle.

Introduction

L'histoire du Kongo, qui a prospéré en Afrique centrale du 14ᵉ au 19ᵉ siècle, offre un aperçu remarquable de l'organisation politique et juridique d'un État africain avant la colonisation. On a très souvent rangé le Kongo parmi les royaumes africains et non au sein des empires ayant marqué l'histoire du contient. Selon le dictionnaire encyclopédique Universalis, un empire est un ensemble de territoires dirigé par un empereur et, par extension, tout grand État multi-ethnique dont le pouvoir est centralisé et accessible à une partie seulement de la population. Qualifier le Kongo de royaume est par conséquent une inexactitude parce que le Kongo pendant une longue période de son histoire avait cessé d'être un royaume pour devenir un vaste empire au cœur de l'Afrique centrale. Il est possible de le démontrer, en s'appuyant sur un certain nombre d'éléments: son étendue géographique, ses composantes ethniques et les témoignages laissés par les premiers explorateurs européens, etc.

Rappelons d'abord que l'empire du Kongo était situé dans la partie Sud-ouest de l'Afrique, c'est-à-dire un espace actuellement compris entre des territoires du Nord de l'Angola, de la province du Cabinda, de la République du Congo, une partie de la RDC actuelle (République Démocratique du Congo) et d'une partie du Gabon. Toutefois, les limites du Kongo ont fluctué dans le temps en fonction des alliances et sujétions successives des régions ou provinces. Par exemple, en 1681 les provinces de Nsundi, de Mbamba et de Mpemba étaient indépendantes du pouvoir central dont l'autorité s'exerçait à partir de sa capitale Mbanza Kongo[1]. En 1701, la limite septentrionale était sur le fleuve Congo, sa lisière méridionale juste au nord de Luanda (Thornton 1983). Aux 16e et 17e siècles, la démarcation change de nouveau en s'étirant véritablement vers l'actuelle frontière entre les États de la République du Congo et de la République Démocratique du Congo. À son apogée, l'empire du Kongo s'étendait de l'océan Atlantique jusqu'à l'ouest de la rivière Kwango à l'est, et du fleuve Congo jusqu'au fleuve Loge au sud. Il s'étalait sur un territoire tellement vaste, qu'il est en effet impropre de le désigner sous le terme de royaume. D'ailleurs le premier explorateur européen à l'avoir visité, en l'occurrence, le navigateur portugais Diogo Cão[2], également premier Européen à s'engager aussi loin dans l'hémisphère sud, mentionnait l'existence d'un grand et puissant empire qui contrôlait le commerce sur la région côtière et à l'intérieur des terres. C'est pour cette raison que l'explorateur portugais y envoya des émissaires. Il pensait qu'il s'agit du fameux royaume du prêtre Jean. D'après les témoignages de Diego Cão, qui a pu parcourir la côte atlantique de cette partie de l'Afrique en direction vers le sud jusqu'au Cap Sainte-Marie en Angola où il planta une deuxième croix, on sait parfaitement que toute la côte atlantique, depuis l'embouchure du Congo jusqu'à l'île de Luanda comprise, était placée directement sous la souveraineté kongolaise. Et ce témoignage est primordial parce qu'on sait aussi que de toutes les frontières de l'empire du Kongo, celle de la mer apparaît comme étant la plus sécuritaire, parce qu'immuable et fermée, du moins jusqu'à l'arrivée des Européens. En plus de ces renseignements laissés par le premier explorateur européen, l'ensemble des sources qu'elles soient européennes, africaines (orales surtout mais aussi archéologiques) démontrent clairement que toute la partie nord et nord-est de l'actuel Angola correspond à d'anciens territoires du Kongo.

---

[1] Mbanza Kongo est une ville de la province du Zaïre, en Angola. Située aux environs des sources de la rivière M'pozo, elle comp aujourd'hui près de 25000 habitants. La ville fut autrefois la capitale du royaume Kongo et fut appelée São Salvador du Cong jusqu'en 1975.

[2] Diogo Cão (ou Diégo Caô, en français Jacques ou Diego Cam) était un explorateur portugais (vers 1450 - vers 1486) qui fit deu voyages le long de la côte atlantique de l'Afrique au 15e siècle. La tradition fixe sa naissance à Vila Real. Fils de soldat, il ent dans la marine à l'âge de 14 ans. Il devient capitaine en 1480. Il est d'abord chargé d'assurer la sécurité des comptoirs portuga dans les eaux africaines.

Au moment de l'arrivée des Portugais, les limites du Kongo s'étendaient le long du littoral de l'océan Atlantique des actuels Angola, République Démocratique du Congo, République du Congo et Gabon. Ces régions listées correspondent territorialement à d'ex-provinces du royaume originel du Kongo (Soyo, Mbata, Pumbu), et à d'ex-territoires vassaux (Loango, Ndong, etc.). Cette région de l'actuel Angola fut détachée de l'autorité du Kongo par un groupe d'aventuriers portugais chassés de la capitale de l'empire, Mbanza-Kongo, à cause de leurs activités de commerce d'esclaves que n'approuvait pas du tout non seulement l'empereur (le *Mani* Kongo) mais aussi les populations de la capitale et des provinces lointaines. C'est en se réfugiant dans cette partie de l'empire du Kongo que les aventuriers portugais avec une supériorité militaires (possession d'armes à feu dont les Kongolais ne disposaient pas) firent assassiner le nommé Dongo, qui n'était autre que le gouverneur choisi par l'autorité centrale de l'empire. Après avoir assassiné ce gouverneur et représentant du pouvoir central dans sa province, les Portugais contribuèrent grandement à la sécession de celle-ci vis-à-vis du pouvoir central. Toutefois, quelques années plus tard, un des fils de l'ancien gouverneur Dongo, dénommé Ngola, fit organiser une contre-attaque pour combattre les Portugais. Ces derniers se réfugièrent dans les terres de São Tomé. Ainsi Ngola devint le chef de cette partie du royaume du Kongo; c'est de là que provient l'appellation originale de ce pays Ngola que les Portugais appelèrent par la suite Angola[3]. Dans la partie ouest de l'actuelle République Démocratique du Congo, pays qui tire son nom de la substitution du K par le C (Kongo = Congo), l'empire du Kongo s'étendait du littoral de l'océan Atlantique jusqu'à la rivière Kwango, soit toute l'actuelle province du Bas-Congo et une partie de l'actuelle province de Bandundu jusqu'aux rives du fleuve Kwango. Le Bandundu contemporain est une entité purement politique créée par l'ancien président de l'ex-Zaïre Mobutu Sese Seko vers les années 1960. L'actuelle ville de Kinshasa, appelée Léopoldville ou Leopoldstad de 1881 à

---

[3] L'Angola, ou République d'Angola, en portugais República de Angola, en kikongo *Republika ya Ngola*, est un pays du Sud-ouest de l'Afrique, limitrophe de la République démocratique du Congo au nord et au nord-est, de la République du Congo au nord-ouest (par l'enclave de Cabinda), de la Zambie à l'est-sud-est et de la Namibie au sud. Jusqu'à nos jours, dans les dialectes des peuples kongos (le kikongo, qui se prononce avec différents accents selon les ethnies), le pays nommé actuellement Angola n'a pas de prononciation, le A n'étant pas de la dialectique kongo, ce pays s'appelle toujours Ngola en kikongo.

1966, la capitale et la plus grande ville de la République Démocratique du Congo, était un territoire à part entière de l'empire du Kongo. Léopoldville est liée à la colonisation belge mais avant cette période coloniale, cette ville s'appelait Pumbu. Tous les peuples de l'actuel territoire de Kwango dans province de Bandundu, les Yakas, les Lonzos, les Mbatas, les Sukus et autres, sont des Bakongos et différents des autres ethnies du Bandundu actuel. L'empire Yaka fondé vers le 17e siècle était une fabrication des Portugais qui voulaient éloigner les guerriers yakas du Kongo afin de l'affaiblir militairement. Pour ce faire, ils ont minimisé l'étendue du Kongo en le qualifiant de royaume. Mieux, ils ont attribué le nom d'empire au territoire occupé par leurs alliés yakas, territoire qui était beaucoup plus restreint que l'immense Kongo. Ceci est une falsification historique d'autant plus qu'on sait que dans l'actuelle RDC, en dehors de la partie nord, tout le reste du pays était un territoire du Kongo. Et les choses ne s'arrêtent pas là, on sait aussi qu'une partie de l'actuel Gabon faisait partie du Kongo. Il n'y a aucun doute, le fait que l'immense territoire du Kongo soit qualifié de royaume est purement et simplement une création portugaise et européenne soit par méconnaissance des réalités politiques du Kongo ou/et surtout par ignorance des relations que le pouvoir central de cette entité politique entretenait avec ses différentes provinces, ou soit par jalousie, c'est-à-dire le fait que les nouveaux venus ne pouvaient pas accepter qu'en plein cœur de l'Afrique, il y ait un puissant État plus vaste que les royaumes et États-nations européens médiévaux. Il est permis de penser que c'est dans cette optique que certains chroniqueurs européens, dont Duarte Lopez en 1591 et Giovanni Cavazzi Antonio de Montecuccolo en 1667, ont laissé des témoignages écrits indiquant que le Kongo devait avoir une étendue de plus de 300000 km carrés, c'est-à-dire un territoire moins étendu que la France actuelle, alors qu'en réalité ils avaient devant eux un immense empire dont la superficie équivalait à la moitié de toute l'Europe de l'Ouest, soit plus de 2,5 millions de km carrés.

Le Kongo ne devrait plus être qualifié de royaume parce que, les chroniqueurs européens ont fait preuve de méconnaissance et ont montré des lacunes à travers des confusions dans leurs estimations du territoire d'un État dont ils ignoraient l'organisation administrative, les réalités sociales, les compositions ethniques, les langues, la culture etc. Les chroniqueurs et explorateurs européens ont tout bonnement mentionné dans leurs écrits que certaines provinces qu'ils rencontrèrent loin de la capitale Mbanza-Kongo étaient des royaumes indépendants, alors que ces territoires faisaient partie intégrante de l'empire du Kongo. Les Portugais ont certes vu ces royaumes dans leurs traversées des localités depuis les ports de la côte atlantique, d'où ils débarquaient, jusqu'à la ville de résidence du *Mwene Kongo*[4], située à 150 milles (plus de 240 kms) dans l'arrière-pays, mais ils ne pouvaient pas encore comprendre la complexité politique et économique qui liait ces différentes provinces et/ou différents royaumes au pouvoir central basé à Mbanza-Kongo. En fait, les explorateurs européens étaient tout simplement perdus face à l'immensité de l'État du Kongo. C'est pourquoi, ils ont réduit ce territoire aux seules dimensions de sa province capitale, que les populations appelaient *Zita-Dya-Nza* (le « nœud du monde »), dont le chef-lieu était précisément Mbanza-Kongo, où le *Mwene* recevait les ambassades étrangères. D'ailleurs, l'on sait désormais grâce aux sources archéologiques mais aussi avec une meilleure utilisation des sources orales que l'Angola faisait bien partie de la fédération Kongo-Dyna-Nza, jusqu'à ce que Paul Diaz y arrive en 1574 et y organise une sécession. Bref, pour finir avec cette précision de taille et remettre les pendules à l'heure, il est permis d'affirmer sans risque de se tromper que le Kongo était bel et bien un empire et pas du tout un royaume. D'ailleurs un de ses plus grands spécialistes le confirme clairement. Il s'agit de Batsîkama qui note que: "*en nous fondant sur les renseignements fournis par Duarte Lopez via Felippo Pigafetta, renseignements que semblent confirmer la tradition orale, nous pouvons avancer que le Kongo s'étendait entre la latitude 1 1/2° nord et la latitude 22° sud, du 24° de longitude est à l'océan Atlantique. Il atteindrait une superficie dépassant les 2.500.000 kilomètres carrés soit la moitié de la superficie de toute l'Europe occidentale. On comprend que sa structure confédérale favorisa son dépeçage par les*

---

[4] Les Rois (ou Empereurs) du Kongo (« Mintinu mia Kongo » en kikongo) portent le titre de**Mwene Kongo**. Manikongo est une déformation portugaise de *Mwene ya Kongo*. « Mwene » est aussi le titre porté par le responsable administratif d'une province du Royaume du Kongo. On peut ainsi parler de *Mwene ya Kongo, Mwene ya Soyo, Mwene ya Loango*, etc. Dans le nord (au Kakongo, Nsundi et Yomba) on dit **Mane**. D'où le *mani* des Portugais.

Européens après d'innombrables intrigues sécessionnistes au cours des siècles sui-vants. Ainsi naquit à partir du XVIIe siècle de cette vaste construction politico-administrative une myriade d'État-nations autonomes sous l'effet des bouleverse-ments engendrés par l'économie négrière atlantique". (Batsîkama 1999, p. 171).

Quand un royaume domine d'autres royaumes, les commande ou les maintient sous son influence, il n'est plus possible et exact de le qualifier de royaume mais, il doit être désigné sous le terme d'empire. Et c'est le cas pour le Kongo. Maintenant que des clarifications ont été apportées sur le statut du Kongo, on peut aborder la question des sources ayant permis de mieux connaitre l'histoire de l'empire du Kongo depuis ses origines jusqu'à sa chute.

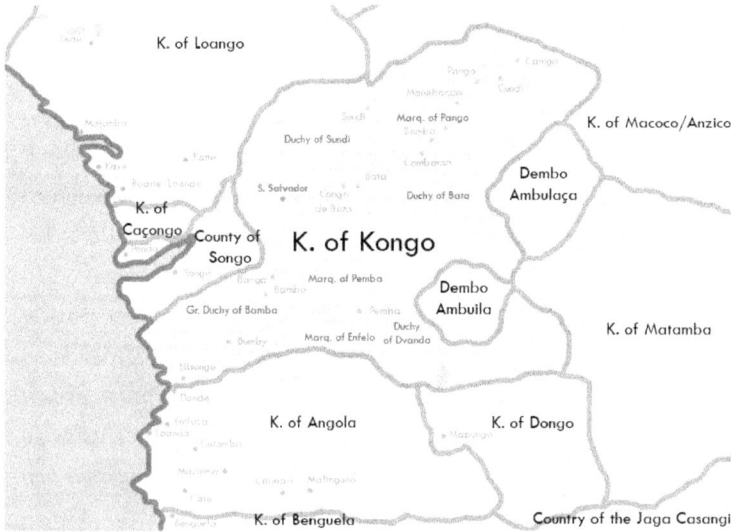

Le royaume du Kongo en 1711.

La question des sources

Si les témoignages écrits laissés par les géographes arabes dès le 8ᵉ siècle puis de sources provenant de lettrés africains à partir du 14ᵉ siècle ont contribué à voir une meilleure connaissance et compréhension de l'histoire des empires médiévaux africains situés dans les régions du sahel et de la savane, tel n'est pas le cas pour l'empire du Kongo dont les premiers manuscrits sont plus tardifs parce que datent de la fin du 15ᵉ siècle avec l'arrivée des premiers explorateurs portugais. Les sources sur le Kongo peuvent être divisées en trois catégories, selon qu'elles relèvent : de l'archéologie, de la tradition orale, ou de l'histoire écrite.

Les sources écrites

Les sources écrites sont plus récentes au Kongo, comparé à ce qui s'est passé en Afrique de l'Ouest avec les empires du Ghana, du Mali, du Songhay ou encore plus proche du Kongo, au Kanem-Bornou où on a trouvé des manuscrits d'auteurs arabes et de lettrées autochtones entre les 8ᵉ et 14ᵉ siècles. Pour le grand empire du Kongo, il a fallu attendre la fin du 15ᵉ siècle pour avoir des témoignages écrits sur la partie sud-ouest et équatoriale de l'Afrique. Parmi ces sources qui sont l'œuvre d'Européens, figurent les manuscrits laissés par Diego Cão (Diogo Cão) et ses successeurs. Même si leurs manuscrits ne sont pas toujours crédibles et portent souvent à confusion en ce qui concerne l'organisation administrative et politique du Kongo, force est de noter que c'est un bon début pour commencer à apprendre sur l'histoire de cet empire situé au centre de l'Afrique. Ensuite à la fin du 15ᵉ siècle et surtout durant le 16ᵉ siècle, les sources écrites se multiplièrent. En plus des Portugais, on peut citer les écrits laissés par d'autres explorateurs européens notamment des Hollandais. Les sources écrites sur le Kongo, qui sont d'une d'importance primordiale par le nombre de documents réunis sont constituées entre autres par la collection du P. Brásio, *Monumenta Missionária Africana (Africa Ocidental)*, couvrant la période 1472-1650. Pour la période postérieure à cette date, il a été fait appel à la vieille et modeste collection de Paiva Manso, *História de Congo (Documentos)*, publié à Lisbonne, 1877, couvrant la période 1492-1722. Les *Monumenta* renferment la remarquable correspondance du roi D. Afonso I (1506-1543) avec les rois de Portugal, celle du roi D. Garcia II (1641-1661), de nombreux textes descriptifs dus à des missionnaires et, ce qui intéresse aussi l'historien de l'Afrique, une vaste correspondance administrative de missionnaires et d'ecclésiastiques. À ces deux textes descriptifs, il faut en ajouter un autre qui est très utile, que Brásio n'a pas inclus dans ses *Monumenta*. Il s'agit de l' « História do Reino do Congo » (s.l.n.d., ms. 8080 de la B.N.L.), dont A. A. Felner a publié des extraits[5]. Il en situe la date de rédaction vers 1620, alors que Brásio la croit plus proche de 1655[6]. En plus de ces sources qui sont actuellement publiées et disponibles dans les archives notamment à Lisbonne au Portugal, on dispose d'autres témoignages imprimés tels que des livres relatant l'histoire du Kongo. Parmi les principales ces sources il y a pour le 16ᵉ siècle, l'ouvrage de Pigafetta (1587)[7], et pour le 17ᵉ siècle ceux de Jean François de Rome (1648)[8], de Cavazzi (1654-1667)[9] et de O. Dapper (1668)[10]. Bien qu'il soit impossible de mentionner dans ce chapitre du livre tous les témoignages écrits laissés par les premiers européens au Kongo en l'occurrence les Portugais, il est utile de diversifier en montrant que les autres nations européennes ont également produit des informations sur le vaste empire du Kongo. Il s'agit par exemple des archives italiennes et hollandaises et d'autres témoignages laissés par des Espagnols et plus tard

---

[5]Felner, Angola, pp. 375-379.
[6]Cf. A. Brásio, « A História do Reino do Congo », in *Portugal em Africa,* vol. VI (1949), pp. 153-16.
[7]Filippo Pigafetta, *Relatione del Reame di Congo...,* Rome, 1591.
[8] Giovanni Francesco Romano (Jean François de Rome), Breve Relatione, Rome, 1648, traduction française.
[9]Gio. Antonio Cavazzi da Montecuccolo, Istorica Descrizione de' tre Regni Congo, Matamba et Angola.
[10] O. Dapper, Naukeurige Beschrijuinge de Afrikaensche gewesten, Amsterdam, 1668.

des Français et des Anglais. Vers la fin du 16e, on voit apparaître les premières sources écrites par des lettrés locaux et parfois même dans les langues locales de l'empire. Ainsi, sous le règne de Jacques Ier, Nkumbi Mpudiya Nzinga (1545-1561), à la suite d'une querelle avec des marchands Kongo en 1555, il expulse quasiment tous les Européens de Mbanza Kongo. C'est dans cette quasi-clandestinité que le catéchisme est rédigé en Kikongo en 1557 par des Franciscains[11], ce qui en fait le premier ouvrage connu publié dans une langue bantoue.

Outre la diversité des langues dans lesquelles les textes sont écrits et la pluralité des sujets traités, l'histoire de l'empire du Kongo, ainsi que celle des contrées environnantes, demeure déconcertante et incomplète sans l'apport de la tradition orale des populations.

Les sources orales

Si les sources écrites sont tardives, prêtes à confusion et ne prennent pas en compte la version et le point de vue des populations autochtones pour une connaissance plus exacte de l'empire du Kongo, elles sont en revanche primordiales. Elles apportent une meilleure compréhension du passé de ce grand empire africain. Sans elles, il y aurait une version dans un sens unique, celle des Européens qui ne parlent aucune des langues locales. C'est pourquoi, il est indispensable d'accorder à la tradition orale toute sa place pour une meilleure connaissance de l'histoire de l'empire du Kongo. D'abord parce qu'elles sont disponibles, ensuite parce qu'elles sont diverses dans la mesure où chaque ethnie donne sa version dans sa propre langue et par conséquent il est possible de les confronter si nécessaire. Pourtant, les historiens modernes sur le Kongo n'ont toujours pas pris au sérieux la tradition orale. Il est vrai que l'oralité est plus marquée dans certains empires africains comme le Mali, où les griots étaient formés et formatés pour transmettre les informations de génération à génération, mais cela ne doit pas conduire à négliger la tradition orale au Kongo.

---

[11] L'ordre des Frères mineurs, dont les membres sont couramment appelés franciscains, est un ordre religieux catholique né en Italie sous l'impulsion de saint François d'Assise en 1210. À l'imitation du Christ, les membres tentent de vivre une vie de grande pauvreté et simplicité évangélique.

S'il n'y a pas de griots dans cette partie de l'Afrique, il y a la mémoire collective, les récits, épopées, légendes chants, etc. qui apportent tous des informations historiques précieuses si on les questionne et les analyse minutieusement. Malgré cet avantage, on note que les historiens étrangers et parfois locaux négligent la tradition orale au Kongo. Il est par exemple regrettable que J. Cuvelier soit l'un des rarissimes historiens européens à avoir tenté de recueillir systématiquement les traditions historiques des Bakongo[12] pour les ajouter au point de vue européen. Les informations orales qu'il a recueillies l'ont permis non seulement de mieux connaître l'histoire du Kongo, mais aussi de lever le doute sur plusieurs aspects. Certaines des informations orales mises à sa disposition évoquent la fondation du Kongo en tant que royaume (Koongo originel) et plus tard en tant qu'empire (après les conquêtes de Lukeni et ses successeurs). Il s'agit là de témoignages oraux qui avaient été enregistrés par des narrateurs du 17e siècle. C'est le cas par exemple de l'auteur anonyme de *l'História do Reino do Congo (c. 1655)*[13], Cavazzi (1654-1667)[14], et Bernardo da Gallo (1700)[15].

Si les historiens européens ont du mal à combiner les sources orales kongolaises avec celles des explorateurs européens, certains historiens locaux ont en revanche pu retracer l'histoire du Kongo en s'appuyant véritablement sur les sources orales. On sait par exemple que les récits oraux des peuples Kongo du sud de l'actuel République de Congo ou Congo Brazzaville, véhiculent un fonds très intéressant. C'est le cas des Suundis occidentaux qui disent dans leur langue: *kuna Kongo twa tuka* (du Kongo nous venons). (Etienne Mayoulou, 2003, p. 18-19). Cette information est majeure car elle renforce l'idée que le Kongo était bien un empire si on prend en compte la distance séparant le centre de l'empire (Mbanza Kongo) et ce territoire périphérique des Suundis de l'Ouest. On peut recourir encore d'autres traditions orales d'ethnies différentes mais faisant partie de ce vaste territoire du Kongo. C'est le cas des traditions orales des Hooyos et Yombés sur les deux rives du fleuve Zaïre, c'est-à-dire le sud de la province Sundi

---

[12] J. Cuvelier, « Traditions Congolaises », in Congo, t. II, n° 2 (1930), pp. 193-208, et n° 4, pp. 4.

[13] Publiée par Felner, Angola, Coïmbre, 1933, pp. 375-379.

[14] Cavazzi, Istorica Descrizione..., Bologne, 1687, lib. II, § 86.

[15] In L. Jadin, « Le Congo et la secte des Antoniens », in *Bulletin de l'Institut Historique Belge de*

et de l'ancien royaume du Kongo-dia Ntotila. Celles-ci affirment: *Béto Vungunyatouédi, Mbanza Kongo belabetobatungakudi mongo* (nous sommes de Vungu, Mbanza Kongo ce sont nos enfants qui fondèrent ce pays au nord). D'autres legs oraux comme ceux des Manyangas, des Minkingués et Haangalas, des Bembés, des Kuunyis, des Kaambas ou encore des Doondos et Suundis de Kimongo se rattachent tous à l'empire du Kongo, par l'évocation de la généalogie de leurs ancêtres, retraçant leur parcours ou en citant Mbanza Kongo comme leur ville de référence. Seules les sources orales peuvent apporter des informations aussi précieuses, raison de plus pour les prendre au sérieux si on souhaite connaître véritablement ce que fut ce vaste empire du Kongo. Les sources archéologiques viennent compléter les différents documents disponibles sur le Kongo.

Les sources archéologiques

Malgré les nombreuses fouilles effectuées dans plusieurs endroits de l'ancien empire du Kongo, l'archéologie n'a à ce jour joué qu'un rôle marginal dans l'analyse et la meilleure connaissance du passé historique de ce vaste empire africain qu'est le Kongo. À cela plusieurs raisons: d'abord la faiblesse des moyens humains et financiers engagés dans la région, ensuite l'absence de structures nationales de recherches archéologiques d'une certaine ampleur, puis les problèmes méthodologiques propres à la discipline telle que la méthode de datation des sites archéologiques par le radiocarbone. Celle-ci a sa place dans l'étude historique du Kongo parce qu'elle donne une marge d'erreur de plus ou moins 35 ans dans le meilleur des cas, marge renforcée encore par les fluctuations du taux de carbone14 au cours des derniers siècles, une instabilité politique chronique rendant la recherche de terrain assez difficile sinon impossible dans l'ensemble de la sous-région. Des interdits coutumiers des chefs de terre locaux empêchent aussi les archéologues de creuser des terrains "sacrés" (Maret 2006). Enfin, notons que pendant longtemps, il s'agissait d'une archéologie tournée à l'opposé de l'événementiel de l'histoire récente. Malgré tout cela, en Angola, en République Démocratique du Congo et en République du Congo, les recherches en archéologie commencent à faire leurs preuves. Elles ont contribué à la diversification des sources pour rendre l'analyse et la confrontation avec les documents écrits plus crédibles. Elles ont permis aussi de confirmer certaines dates importantes et surtout retracer des villes médiévales. Parmi les endroits fouillés en premier et en priorité, figure la capitale Mbanza Kongo. Des prospections archéologiques ont été effectuées dans cette ville entre 1966 et 1970. Les recherches ont concerné onze gisements dont le palais royal, un couvent, une muraille et diverses fondations (Esteves 1989). Le site de Kindoki situé dans le bassin de l'Inkisi sur la piste allant de Kisantu à Zongo tout près de l'actuel village de Mbanza Nsundi a été exploré. Les inspections ont été effectuées sur une grande surface dans le but d'y trouver des traces de la capitale de la province de Nsundi à l'époque du royaume. Des résultats encourageants ont été notés. Les prospecteurs ont mentionné, l'existence d'un cimetière composé d'un peu plus d'une dizaine de tombes remontant au moins au 17e siècle et appartenant à des femmes et des hommes qui devaient être des membres de l'élite locale si on en juge la richesse du mobilier funéraire. Le site de Ngongo Mbata a également été fouillé entre 2012 et 2015. On y a trouvé les fondations d'une église en pierre déjà fouillée en 1938. Son édification remonte vraisemblablement au 17e siècle, comme le confirme le mélange de vestiges matériels kongolais et européens de cette époque[16]. L'occupation de cette colline se situe à la fin du 16e siècle et le mobilier funéraire des tombes trouvé dans l'église indique qu'une partie des défunts appartenaient à l'élite locale. L'archéologie corrobore les sources historiques: Ngongo Mbata fut un nœud commercial important entre les ports atlantiques à l'ouest, la capitale de Mbanza Kongo au centre et la région du Kwango à l'est. Ces quelques exemples de fouilles archéologiques et les résultats obtenus montrent la place que l'archéologie doit occuper dans l'étude de l'histoire de l'empire du Kongo.

Aujourd'hui, grâce à la l'assemblage de toutes les sources disponibles: témoignages d'explorateurs européens, sources orales et archéologiques, des informations plus fiables sont disponibles pour être

---

[16] http://libeafrica4.blogs.liberation.fr/2017/09/24/kongoking-pour-une-nouvelle-histoire-du-royaume-du-royaume-kongo.

en mesure de comprendre et interpréter ce passé et arriver à une meilleure connaissance de l'empire du Kongo depuis ses origines jusqu'à sa décadence.

Les origines du Kongo : Fondation et évolution vers un empire

La Fondation sous Nimi a Lukeni : Selon la tradition, la fondation du royaume est attribuée à Nimi a Lukeni, considéré comme le premier mani kongo. Grâce à une série de conquêtes diplomatiques et militaires, il unifia plusieurs tribus et établit sa capitale à Mbanza Kongo (actuel São Salvador en Angola), un centre stratégique. Ce dernier se trouvait au carrefour de routes commerciales et offrait un accès aux ressources naturelles, ce qui en fit un pôle économique majeur. Nimi a Lukeni organisa un royaume avec une structure équilibrée entre pouvoir central et autorités locales.

Avant de rentrer dans les explications historiques de l'empire du Kongo depuis ses origines jusqu'à son déclin, il est important de souligner que son appellation est d'abord une dénomination politique. Ce nom remonte à l'époque de Nimi-A-Lukéni, qui après avoir conquis le petit royaume de Koongo[17], étendit à l'ensemble de ses conquêtes ultérieures le nom de ce royaume. Cependant, le Kongo que certains écrivent aussi Koongo, ne convient en rigueur de terme qu'à la population de ce petit royaume originel du même nom. Cela dit, il est également utile de noter que l'appellation Kongo est aussi linguistique.

---

[17] Pour marquer la différence, certains écrivent Kongo (royaume originel) et Kongo (le vaste état, notre fameux empire)

En effet, la langue des habitants du petit royaume de Kongo a servi de référence aux linguistes dans la classification des langues parlées dans le futur empire du Kongo et qui sont des langues apparentées et relevant d'une même famille. (E. Mayoulou, 2003, p. 27). Pour ce qui est de la vraie origine de ce premier petit royaume appelé Koongo, il existe tout un mythe, sur lequel on ne va pas s'attarder[18].

Néanmoins le Kongo est un peu mieux connu à partir de Nimi-A-Lukéni qui selon certaines informations se serait révolté pour prendre le pouvoir. Toutefois, là encore les sources semblent se contredire en ce qui concerne la date exacte de l'avènement de ce roi. Selon *l'História do Reino do Congo* (c. 1655), ce serait vers le début du 14e siècle que l'événement eut lieu. L'auteur de ce manuscrit ajoute une information intéressante, à savoir que six rois se succédèrent entre Lukéni et le premier roi chrétien, Nzinga a Nkuwu, mort en 1506. Un texte de 1624 précise que Nzinga a Nkuwu était le petit-fils du fondateur. Enfin, selon Bernardo da Gallo (c. 1700), il n'y eut que deux rois entre Lukéni et Nzinga a Nkuwu. Si les deux informateurs ne donnent pas les mêmes renseignements, ils s'accordent tout de même sur un point, le fait que le royaume originel du Kongo ait été fondé entre le début du 14e et celui du 15e siècle. Toujours selon nos informations, Lukeni a fixé sa capitale à Mbanza Kongo et placé ses capitaines à la tête des provinces conquises. (Masiala, 2011, p. 37). Une fois bien installé sur le trône, Lukéni épousa la fille du *Mani-Cabunga* et ordonna à ses hommes de se marier avec des femmes du pays, « les nobles avec les nobles et les plébéiens avec les plébéiennes. Tous s'appelleront désormais *Moxicongos* (connus aujourd'hui sous le nom de Bakongo). La grande innovation de la conquête de Lukéni et de son peuple les Bakongos est le groupement de multiples petits royaumes en un grand État centralisé et gouverné par un monarque suprême résidant dans une capitale. À partir de ce moment le petit royaume du Koongo ne traduit plus la réalité géographique, il est plus prudent de parler d'empire du Kongo ou d'État centralisé ou fédéral du Kongo. Du temps de Lukéni, ses habitants étaient tous adeptes des religions ancestrales.

---

[18] Pour plus d'informations, voir Raphaël Batsîkama, *L'Ancien royaume du Congo et les Bakongo*, paru en 2000.

Son pouvoir était avant tout de nature spirituelle, c'est-à-dire lui venant de ses ancêtres que certains désignent sous le terme surnaturel et divinatoire. De ce fait, les rois étaient élus par les anciens parmi les membres éligibles des douze clans Kongo.

Après sa fondation, Kongo s'étendit rapidement, absorbant des territoires voisins. Il devint un acteur central du commerce régional, contrôlant les routes commerciales et dominant l'échange de cuivre, fer, tissus et esclaves. L'expansion se fit également par des mariages interethniques et des alliances politiques, ce qui facilita l'intégration de nouveaux peuples, tout en permettant une grande diversité culturelle au sein du royaume. Passé de statut de royaume à celui d'empire, le Kongo s'organise sur les plans administratif et politique.

Quelques grands rois du Kongo

Le Kongo a été dirigé par une série de souverains appelés *mani kongo*, dont plusieurs ont marqué l'histoire de l'empire par leurs actions, tant pour son expansion et sa consolidation que pour les tensions liées aux influences européennes. Voici un résumé des rois les plus emblématiques du Kongo :

1.   Nimi a Lukeni (vers 1390)

Fondateur légendaire du royaume de Kongo, Nimi a Lukeni est considéré comme le premier *mani kongo*. Il unifia plusieurs groupes ethniques et tribus sous une autorité commune, fondant la capitale Mbanza Kongo et posant les bases de la structure politique et sociale du royaume.

2.   Nzinga a Nkuwu (1470-1509)

Premier roi du Kongo à entrer en contact avec les Portugais en 1483, Nzinga a Nkuwu fut influencé par les technologies et produits européens. Il se convertit brièvement au christianisme en 1491, prenant le nom de João I, mais retourna par la suite aux croyances traditionnelles du Kongo.

3. Afonso I (1509-1542)

Anciennement Mvemba a Nzinga, Afonso I est l'un des rois les plus célèbres du Kongo. Il adopta profondément le christianisme et encouragera sa propagation dans son État. Son règne fut marqué par des réformes modernes et une relation florissante avec le Portugal, bien qu'il critique les abus portugais dans le commerce des esclaves.

4. *Pedro I (1543-1561)*

Successeur d'Afonso I, Pedro I tenta de maintenir l'équilibre entre le Kongo et le Portugal. Cependant, son règne fut marqué par des tensions croissantes dues au commerce des esclaves et aux ambitions portugaises. Il chercha à limiter l'influence européenne tout en protégeant les intérêts du Kongo.

5. *Alvaro I (1568-1587)*

Le règne d'Alvaro I fut marqué par des crises internes et des invasions, notamment par les Jagas. Il sollicita l'aide des Portugais pour repousser cette menace, renforçant ainsi leur influence. Bien que le Kongo retrouvât une certaine stabilité grâce aux accords avec les Portugais, cela entraîna une dépendance croissante vis-à-vis des Européens.

6. *Garcia II (1641-1661)*

Garcia II est reconnu pour ses talents diplomatiques et militaires. Il chercha à réduire l'influence portugaise en s'alliant avec les Hollandais, mais son royaume demeura sous pression. Cette stratégie lui permettait de conserver une certaine autonomie, malgré des conflits internes et externes.

7. *Antonio I (1665)*

Antonio I tenta de libérer le Kongo de l'emprise portugaise, mais après une défaite décisive à la bataille de Mbwila en 1665, le Kongo se fragmenta. Cette défaite affaiblit le pouvoir central et marqua une étape importante dans la dégradation de l'unité du royaume.

8.   *Pedro IV (1695-1718)*

Après la défaite de Mbwila, Pedro IV chercha à restaurer l'unité du royaume avec des réformes visant à renforcer le pouvoir central. Cependant, ses efforts furent insuffisants pour redonner au Kongo la puissance qu'il avait dans le passé, et les divisions internes continuèrent de miner l'autorité royale.

Organisation administrative et politique

L'empire du Kongo était organisé géographiquement en entités administratives, dirigées par des chefs de clans et de terres sous la dépendance du pouvoir central basé à Mbanza-Kongo la capitale du pays. C'était un ensemble d'entités politiques fédérées qui se soumettaient à l'autorité d'un pouvoir central. Selon Raphaël Batsîkama, cette fédération rassemblait quatre États politiques au 16ᵉ siècle : Zita-Dya-Nza, Kongo-Dya-Mpangala, Kongo-Dya-Mulaza et Kongo-Dya-Mpanza. C'est à la suite de cette organisation que le premier explorateur européen Diogo Cão, avait appelé ce pays « royaume du Kongo » en référence au royaume du Portugal (Batsîkama 1999), même si ailleurs dans ses manuscrits il mentionne aussi le mot empire.

L'empire du Kongo était composé d'un grand nombre de provinces, variant selon les époques de 6 à 15 pour les principales, ayant des tailles très variées. Il y'avait également de plus petites localités qui avaient des statuts assez divers. Lors de l'européanisation des titres sous les Portugais, la plupart furent appelées « marquisat ». C'est le cas de Mpemba, ou Kiuvo. Nkusu, petite cité regroupant quelques 4 milles âmes non loin de la capitale avait le statut de « Pays ». La position du chef de province était en principe accordée par le roi pour des durées variables mais limitées dans le temps. Cependant, il arrivait qu'un seul individu puisse diriger une province durant toute sa vie, voire rendre sa charge héréditaire. Les provinces deviennent de ce fait des monarchies par la forme du gouvernement mais elles demeurent toutefois soumises à l'obligation de fournir leurs fils pour soutenir un effort de guerre, l'impôt provincial, l'impôt individuel, et l'impôt commercial.

Duarte Lopes lors de son voyage à la fin du 16ᵉ siècle identifia six provinces importantes. Sa liste est celle qui a été reprise répétée majoritairement dans les manuels d'histoire. Il a mentionné les provinces suivantes: N'sundi dans le nord, Mpangu au centre, Mbata au sud, Soyo dans le sud-ouest, Mpemba au centre-est et Mbamba au sud-est qui est la plus grande de toutes les provinces avec six sous-provinces. Mpemba était une petite province et ne connaissait aucune subdivision. Toutefois, au vu de son rôle historique, elle avait un statut à part. La capitale était sous la contrôle directe du roi. Elle comptait 500000 habitants en 1600.

L'autorité politique suprême du Kongo-Dyna-Nza pouvait être nommée de diverses manières: Le *Ntinu* qui joue le rôle de chef militaire, *Mwene*, celui qui pourvoit aux besoins du peuple et le *Mfumu* désignant quant à lui la notion de responsable au sens administratif comme au sens social.

Avant la christianisation et l'adoption des coutumes européennes, la succession à la tête du Kongo était matrilinéaire. Originellement, seuls les descendants de Lukeni Luwa Nzinga, la fille de l'ancêtre-mère primordiale, pouvaient prétendre au poste de *Mwene*. Les descendants de *Vit'a Nimi* avaient pour fonction de veiller au respect, entre autres, de cette loi de succession. Par conséquent, après avoir été élu par le Conseil des Sages, un *Mwene* ne pouvait être accepté que s'il subit une cérémonie rituelle organisée et présidée par le gardien des principes spirituels et politiques désigné nécessairement parmi la lignée des Nsaku. Le cabinet du *Mwene* comporte divers fonctionnaires, notamment : Ma N'Kata, le préposé aux affaires militaires et à la guerre; Né Tuma, le préposé aux armes et à la défense du Kongo; Mbanza Kongo, le préposé aux affaires de la Justice; Ne Mpûngi, chef de la musique du palais; Wavadidi Ntinu, le sculpteur attitré du Ntinu, c'est-à-dire du Mwene. Cette configuration hiérarchique est reproduite aux échelons inférieurs de telle sorte que chacune des quatre grandes circonscriptions politiques possède ses préposés à la Défense, Justice, etc. tout comme les vingt-huit kinkosis comportent les leurs. De façon générale, les préfixes Mâ, Mwê ou Nâ et Ne, introduisent la notion d'autorité politique et/ou administrative; c'est-à-dire celle de « chef », « roi », « maître », etc. Ainsi le Ne-Nkosi est le « roi » d'un ki-Nkosi ; Mwê-Mbuku est l'autorité qui administre un ki-Mbuku ; Nâ-Kayi est le « chef » d'un ki-Kayi; Mâ-Fuku (ou « Mafouc » dans les chroniques européennes) dirige un ki-Fuku, c'est-à-dire le plus bas échelon administratif de la Fédération Kongo-Dia-Ntotila. Par maints aspects, la société Kongolaise pré-chrétienne présente, dans son organisation politique et dans son type de souveraineté, de surprenantes ressemblances avec plusieurs autres États africains tels que le Monomotapa, l'empire Lunda, les royaumes interlacustres, le royaume des Jukun au Nigeria, le royaume de Cush (le Méroë de l'Antiquité), en somme, avec tous les États situés sur l'arc qui suit la lisière de la forêt dense (Batsîkama 1999).

À ses débuts et pendant une longue période, la monarchie, au Kongo, était élective et non héréditaire. Le successeur d'un roi était choisi dans la famille royale, mais aucune règle de primogéniture n'était observée. Le choix d'un nouveau dirigeant incombait aux « grands » de l'empire, les trois principaux électeurs étant le *Mani Vunda*, les gouverneurs des provinces de Mbata et du Soyo. (*Études d'Histoire africaine* 1972). L'« élection » d'un roi, investi soit par les «Grands du Royaume», ou plutôt (de l'empire), soit par lui-même à la tête d'une faction, est largement répandue en Afrique depuis une époque très reculée. Le principe de l'« élection » de l'empereur visait à dégager de la masse une personnalité susceptible de représenter et d'harmoniser en sa personne les aspirations et les vœux de tous les éléments de la communauté. (Balandier 1965, p. 15). Le dirigeant choisi est le symbole visible envers qui le peuple se découvre une identité collective et se reconnaît en tant que communauté solidaire et cohérente. Toutefois, au fur et à mesure que les Européens nouent des contacts avec le vaste État du Kongo, que certaines provinces de l'empire se convertissent au catholicisme au détriment des religions traditionnelles et surtout lorsque que les armes à feu commencent à se répandre dans l'empire, le mode de succession commence à être contesté. La désignation matrilinéaire cède progressivement la place à la succession du patrilinéaire. À partir de ce moment, l'élection ne peut plus garantir à un élu pour devenir *mwene* kongo. Cette nouveauté est un des facteurs déstabilisants de la vie politique au Kongo. Cet aspect sera explicité plus en détails au moment d'analyser les relations entre les Portugais et le Kongo et surtout dans la partie consacrée au déclin de l'empire. Avant cela, il est nécessaire de voir comment fonctionnait l'économie de l'empire du Kongo et quelles étaient ses principales richesses.

L'organisation judiciaire au Kongo

La structure judiciaire du Kongo était fondée sur des pratiques coutumières et une hiérarchie judiciaire flexible qui visait à maintenir l'harmonie sociale et à résoudre les conflits de manière restaurative. Voici un résumé détaillé des principales composantes de cette structure judiciaire :

- *La Justice au niveau Local*

Au niveau des villages et des clans, les conflits étaient d'abord résolus localement par le *mfumu* (chef de clan), qui agissait en tant qu'arbitre. Les affaires mineures, telles que les litiges familiaux ou commerciaux, étaient réglées par le *mfumu*, qui utilisait les lois coutumières pour apaiser les tensions. Les solutions incluaient des compensations, des excuses publiques ou des offrandes symboliques. Ce système visait à maintenir la cohésion communautaire et à restaurer l'harmonie.

Les Tribunaux Provinciaux

Pour des litiges plus complexes ou inter-villageois, les affaires étaient portées devant un tribunal provincial dirigé par le *mani* (gouverneur). Le *mani* était un représentant du roi et avait l'autorité de juger les conflits plus graves, comme les différends fonciers. Il était assisté par un conseil composé de notables locaux, qui garantissaient la transparence et la prise en compte des coutumes locales dans les décisions. Les sanctions pouvaient inclure des amendes, des travaux communautaires ou, dans les cas extrêmes, des peines de bannissement.

- La Cour royale

Les affaires les plus graves, comme la trahison, la sorcellerie ou les litiges impliquant des figures de haut rang, étaient traitées par la cour royale à Mbanza Kongo. Le *mani kongo* (roi) était l'arbitre suprême et rendait justice avec l'aide de conseillers issus des familles nobles et des chefs provinciaux. Les décisions royales avaient une forte autorité symbolique, et des peines exemplaires pouvaient être prononcées pour maintenir l'ordre et la stabilité de l'empire. Toutefois, l'objectif demeurait de restaurer l'harmonie entre les parties.

- Les Principes de Justice Restaurative

La justice au Kongo mettait l'accent sur la réconciliation et la restauration des relations sociales plutôt que sur la punition sévère. Les compensations matérielles, les excuses publiques et les rituels de réconciliation étaient couramment utilisés pour réparer les torts. Dans les affaires liées à la sorcellerie ou aux malédictions, des rituels de purification étaient ordonnés pour préserver l'harmonie spirituelle de la communauté. Ce système visait à maintenir une forte solidarité sociale et à éviter les conflits prolongés.

- Influences extérieures et adaptations

À partir du 15e siècle, l'arrivée des Portugais et l'introduction du christianisme influencèrent certains aspects du système judiciaire du Kongo. Sous le règne d'Afonso I, qui s'était converti au christianisme, des concepts juridiques européens furent intégrés, notamment dans la gestion des affaires commerciales et diplomatiques. Cependant, les principes de la justice coutumière du Kongo restèrent largement inchangés, et les influences européennes furent adaptées pour s'intégrer à la culture locale.

La structure judiciaire du Kongo était une hiérarchie flexible qui permettait une gestion des conflits adaptée à leur gravité. De la justice locale à la cour royale, le système visait principalement la réconciliation et le maintien de l'ordre social, reflétant les valeurs de solidarité communautaire. Malgré les pressions extérieures, notamment l'influence européenne, ce système de justice resta résilient et s'adapta au fil du temps.

L'économie du Kongo

À l'image des autres empires africains médiévaux traités dans ce livre, l'économie du Kongo repose avant tout sur une agriculture très abondante qui permettait de nourrir suffisamment les populations. À ce sujet, les explorateurs européens ont laissé des témoignages sur ses paysans qu'ils qualifient de très habiles. Dans leurs manuscrits, on apprend aussi que l'activité agricole reposait essentiellement sur les grains comme le sorgho, le millet, le riz, etc. mais aussi l'igname, le manioc. Certaines légumineuses comme les pois occupaient une place importante dans la production agricole de l'empire du Kongo. À cela s'ajoute, l'exploitation du bananier, du palmier (véritable symbole au Kongo en raison des usages multiples de cette richesse naturelle) et d'autres arbres ou plantes (dont la canne à sucre). Les femmes contribuent grandement à la production agricole notamment quand les hommes sont occupés par des tâches militaires, artisanales ou commerciales. Les modes d'agriculture varient en fonction des régions et provinces, certaines étant plus propices à telle ou telle variété. Dans l'ensemble les terres sont très fertiles dans l'empire du Kongo, l'eau est disponible et l'agriculture est très florissante. En cas de nécessité les populations kongolaises peuvent aussi recourir aux produits de la cueillette et de la chasse pour compléter leur alimentation. Pour terminer avec l'agriculture, notons qu'il était le pilier de l'économie du Kongo, avec une production abondante de produits comme le millet, le maïs, le manioc et les bananes. Ces cultures étaient essentielles pour nourrir la population et alimenter le commerce interne.

L'agriculture est renforcée par un autre secteur qui occupe une place importante dans l'économie du Kongo, l'élevage de bétail. Ce dernier, bien que moins répandu, complétait la production alimentaire et servait parfois de monnaie d'échange. Les surplus agricoles étaient souvent échangés, contribuant à un réseau de commerce interne interconnecté. Même si nous ne sommes pas dans la zone sahélienne ou de la savane où l'élevage occupe une place centrale dans l'économie, force est souligner que la domestication des poules, chèvres, moutons, porcs, vaches est très répandue. Presque tous les chroniqueurs européens ayant visité le Kongo l'ont mentionné en indiquant que l'élevage d'animaux domestiques était très courant. Ils ont mentionné aussi que les animaux domestiques étaient associés aux positions sociales: le roi et les « nobles » avaient le droit de posséder des vaches par exemple.

Le travail du fer fait partie aussi des secteurs forts de l'économie du Kongo. Aujourd'hui, on sait que des pays comme la RDC, l'Angola, le Gabon ou encore le Congo Brazzaville regorgent des quantités inépuisables de fer, de cuivre, de cobalt, etc. Les ressources minières étaient exploitées au Kongo bien avant la colonisation européenne. Les sources orales et même les témoignages écrits mentionnent que le peuple de Nsundi et des voisins tékés travaillaient le fer dont ils maîtrisaient parfaitement l'extraction. Ce métal servait à ravitailler les forgerons qui fabriquaient les instruments agricoles et surtout les armes destinées aux différentes conquêtes. Un autre fait important que l'on doit souligner dans l'empire du Kongo, c'est la professionnalisation des métiers comme chez beaucoup d'autres peuples d'Afrique noire organisés en castes. Cependant, à la différence de certains empires comme le Mali ou le Ghana, les castes au Kongo sont structurées de façon relativement souple. L'apprentissage et l'exercice de certains métiers ne sont pas une affaire héréditaire. On pouvait par exemple apprendre un métier de son choix en intégrant l'une des grandes écoles du pays. Les plus connues sont les quatre plus prestigieuses, à savoir Kimpasi, Kinkimba, Buelo et Lemba. Ces écoles, toujours d'actualité formaient l'élite de l'empire. Si leur accès était relativement libre, toujours est-il qu'il s'agissait d'une longue initiation aux critères de sélection très stricts. Des « explorateurs » comme le belge Bittremieux[19] en conclurent à tort qu'il s'agissait de cultes secrets ou ésotériques. La pêche faisait également partie des secteurs économiques du Kongo. Elle était pratiquée principalement sur les grands fleuves, leurs affluents (Congo, Zaïre, l'Alima, la Léfini, la Sangha, etc.) et sur les différents autres cours d'eaux qui sont très nombreux dans l'empire comme dans les lacs notamment sur la plaine littorale ainsi que dans la Cuvette, dans la Likouala et dans Stanley-Pool pour ne citer que ceux-là.

Le Kongo possédait également une riche tradition artisanale, produisant des textiles en raphia, utilisés comme vêtements et objets de prestige, ainsi que des produits métalliques (fer et cuivre), notamment des outils agricoles, des armes et des objets décoratifs. Le sel, produit dans certaines régions du Kongo, était également précieux, notamment pour la conservation des aliments et le troc.

Le commerce occupait également une place non négligeable dans l'économie du Kongo.

On peut le diviser en deux domaines : le commerce intérieur et le commerce extérieur.

Sur le plan intérieur, il y avait des réseaux d'échange bien organisés. En effet, le Kongo avait un réseau commercial interne bien développé, reliant les différentes provinces entre elles. Les marchés locaux, où les produits agricoles, artisanaux et miniers étaient échangés, favorisaient l'interdépendance des régions. Le commerce s'étendait aussi vers les royaumes voisins et au-delà, avec des échanges de cuivre, textiles et autres biens. Le Kongo était un acteur important dans le commerce régional d'Afrique centrale.

Le pouvoir central a très tôt manifesté son ambition de contrôler le littoral de l'océan Atlantique pour l'exploitation du sel marin et des coquillages (*N'kodia*). Les coquillages étaient très prisés au Kongo. Ils

---

[19] Léo Bittremieux, (1880 -1946), est un missionnaire scheutiste belge qui fut aussi ethnologue et philologue. Il a travaillé quelque temps au Congo occidental dans le pays Mayombé (RDC), au nord de l'embouchure du fleuve Congo. En plus de son travail de missionnaire, il a effectué des recherches anthropologiques et sociologiques et a étudié les langues des peuplades du pays Mayombé

servaient même de monnaie[20]. En effet, les coquillages *Olivancillaria nana* appelés *nzimbu*, étaient utilisés comme devise dans l'empire. Leur production venait d'une pêcherie féminine de l'île de Luanda dont la maison du Manikongo avait l'exclusivité. Les *nzimbus* étaient calibrés au tamis de façon à constituer des paniers de valeurs, le *funda* soit mille unités les plus petites, le *lukufu* valant mille *fundas*, l'*imbonde* valant mille *lukufus* (Batsikama, 1971, p. 259,). Par la suite, les *zimpos* ont été peu à peu supplantés par les cauris importés du Zanguebar comme monnaie (Dartevelle, 1953, p. 57-58). Un explorateur hollandais au 17ᵉ siècle rapporte à ce sujet que l'impôt payé par les royaumes sous la domination du Kongo et les provinces vassaux avait atteint pour le trésor royal en 1640 la somme de 20 millions de *nzimbu*. Sachant qu'une vache coûtait 80 à 100 *nzimbu* et 2 à 5 *nzimbu* pour un poulet. Selon d'autres sources, le Kongo recevait également des taxes directes, prélevées sur les différents produits commerciaux échangés à travers la sous-région. Il s'agissait du cuivre, des métaux ferreux, du raphia, des textiles (du *Kongo dia Nlaza* notamment), de l'ivoire, du cuir, ou encore du sel. Comme on le voit bien, l'empire Kongo était très développé, avec un large réseau commercial. En plus des ressources naturelles et l'ivoire, le Kongo fondait et commerçait le cuivre, l'or, les vêtements de raphia et la poterie. Il disposait en outre une monnaie et des finances publiques.

Sur le plan extérieur, le Kongo a développé très tôt des réseaux de commerce avec les Européens. En effet, l'arrivée des Portugais au 15ᵉ siècle transforma l'économie du Kongo. Les nouveaux venus apportèrent des produits comme des tissus de coton et des perles, échangés contre des ressources locales. Le commerce des esclaves devint rapidement une activité lucrative, bien que controversée, les Portugais achetant des esclaves pour les revendre dans les colonies américaines notamment au Brésil. Nous y reviendrons plus en détails. Malgré les tentatives des rois du Kongo, comme Afonso Iᵉʳ, de réglementer ce commerce, il provoqua des tensions internes et des divisions sociales. Le commerce avec les Européens introduisit également de nouvelles

---

[20] Le symbole sous forme d'escargot est repris par l'alliance de Bakongo « Abako » en 1957.

technologies, comme les armes à feu, qui modifièrent l'économie et les stratégies militaires du royaume.

Pour finir sur cette partie consacrée à l'économie du Kongo, notons un fait très important et largement méconnu ou négligé quand il s'agit de traiter des empires et royaumes africains précoloniaux: celui de la gestion et de la répartition du temps. L'empire du Kongo avait sa propre organisation du temps à travers son propre calendrier. La division temporelle y était différente de celle que nous connaissons aujourd'hui. Les habitants du Kongo utilisaient un calendrier basé sur la « semaine » de quatre jours. Ces quatre jours étaient répartis en trois jours ouvrables et un jour pour le marché: De ce fait, le mois comptait sept semaines et l'année treize mois plus un jour de fête. Outre cette répartition temporelle permettant de mieux gérer le temps de travail et le marché, il y avait aussi au Kongo un autre agenda, celui-ci était agricole. Il comportait six saisons à savoir les suivantes : *Kintombo* (octobre-décembre) qui est le temps des premières pluies, celle des semailles (*ntombo*), on la nomme également *ma-sanza*, « nourriture »; ensuite *Kyanza* (janvier-février) qui est la deuxième saison des pluies, celle de la récolte du vin de palme. On l'appelle aussi *mwanga Ndolo* (mars à mi-mai) c'est-à-dire la dernière saison des pluies; puis *Sivu* ou *Kisihu* (mai-août), correspondant à la première saison sèche, marquée par les vents froids; sans oublier *Mbangala* (mi-août à mi-octobre) qui est la seconde saison sèche, caractérisée par de fortes chaleurs et enfin *Mini miambangala* expression courante signifiant « coups de soleil intenses », période des brûlis, *mpyaza*[21]. Inutile de dire que cette riche création des Africains qui correspond parfaitement aux réalités des populations allait perdre sa valeur et être délaissée une fois que le Kongo en contact avec les Portugais, se christianise, se met à l'école occidentale.

---

[21] http://historiensducongo.unblog.fr/royaumes-et-chefferies

L'arrivée des Portugais et les bouleversements au Kongo

Au cours de ses voyages le long des côtes africaines dans les années 1480, le navigateur portugais Diogo Cão fut le premier Européen à évoquer un grand empire qui contrôlait le commerce dans la région. Cão remonta le fleuve Nzadi ou Zaïre qui était selon lui la voie d'accès vers le royaume du prêtre Jean. En 1483, il rendit visite à Ntinu Nzinga Nkuwu dans sa capitale, Mbanza-Kongo. Le Kongo était alors à son apogée économique et politique. Des échanges diplomatiques et commerciaux s'ensuivirent. Grâce à l'aide des arquebusiers portugais, Nzinga Nkuwu put vaincre les Tékés et s'emparer de leurs gisements de cuivre.

Les contacts avec les Portugais et les relations que le Kongo a noué avec eux ont été déterminants dans l'évolution de l'empire. Le premier changement est avant tout social. En effet, l'un des premiers éléments ayant transformé la société du Kongo, c'est la conversion de ses élites au catholicisme. Il s'agit d'abord d'une conversion minime au début à savoir celle de l'élite dans le but de nouer des relations avec les nouveaux venus et se procurer des armes. Le Kongo n'est pas un cas particulier en cela car on a vu la même réalité au Ghana puis au Mali mais aussi au Songhay et au Kanem-Bornou sans oublier le Bénin. Vers la fin du 15ᵉ siècle (1490), les premiers missionnaires catholiques arrivent au Kongo. Quelques temps après (certains parlent d'une année plus tard c'est-à-dire en 1491), l'empereur Nzinga Nkuwu fut baptisé et prit le nom de *Ndo Nzuawu* (prononciation koongo de Dom João), imité par la famille royale et les proches du pouvoir. (Dartevelle, p. 57-58). À sa mort, les anciens désignent un de ses enfants non chrétien, Mpanzu, pour lui succéder mais son fils aîné, Mvemba-a-Nzinga, baptisé Alfonso ou Ndo Funsu vers 1491, le renversa en 1509 (Seillier, 2003, p. 142) et devint le septième «roi du Kongo, de Loango, de Kakongo (en) et de Ngoyo, sur et sous le Zaïre, seigneur d'Ambundo et d'Aquisimac, de Musunu, de Matamba, de Mulili, de Musuku et des Anziques, de la Conquête, de Pangu, Alumbu, etc.» (Balandier 1965, p. 15).

Une fois converti au Catholicisme, l'empereur du Kongo et/ou les rois des royaumes vassaux pouvait/pouvaient traiter plus facilement avec les Portugais de qui ils obtinrent des armes et une bannière d'argent à la *Croix de Saint André de Gueules Alésée*. Voyant dans le christianisme un moyen de tisser des liens avec les nouveaux venus et obtenir des armes plus sophistiquées pour agrandir et moderniser son pays, le Manikongo encouragea les baptêmes et l'éducation et accueillit des missionnaires jésuites qui ouvrirent une école pour six cents élèves. Il envoya son fils Lukeni Lua Nzinga au Portugal qui devint plus tard le premier évêque africain de l'histoire de l'Église catholique moderne sous le nom de Henrique. La capitale du Kongo fut reconstruite en pierre et renommée São Salvador (Saint-Sauveur). L'alliance et la présence portugaise se renforcèrent jusqu'à devenir une réelle domination. La conversion des élites est suivie par les populations. Cependant, étant donné que la religion c'est avant tout une action et une transformation psychologiques, c'est-à-dire que c'est le mental et le psychique qui sont en jeu, on assiste progressivement à un terrible changement dans l'âme, dans l'être et dans le paraître du Kongolais. Celui-ci finit par abandonner une partie de ses traditions, de ses croyances ancestrales, de sa culture, de ses richesses matérielles et immatérielles pour s'approprier quelque chose de différent, quelque chose hélas qui ne le reconnaît pas comme un être égal à celui qui le lui a apporté. Cette remarque est aussi valable pour l'Africain islamisé

À partir de ce moment commencent l'aliénation, la colonisation mentale, déconsidération et l'infériorisation des Kongolais par les Portugais et tous les Européens qui allaient les suivre dans leur aventure en Afrique. Un autre exemple qui montre qu'Alfonso a voulu changer positivement son empire est le suivant : le roi Alfons avait tout mis en œuvre pour faire venir des producteurs européens. Il n'y a pas encore d'industries, mais des artisans de très haute qualité qui produisaient à la main : des maçons, des forgerons, des menuisiers, etc. Alfonso voulait que les Portugais lui envoient des artisans pour former, accompagner et encadrer ses propres producteurs endogènes. On le lui a refusé, bien qu'il eût été à tout point de vue sur la même longueur d'onde que les Européens, en ce sens qu'il s'était converti à la religion chrétienne et qu'il luttait même pour supprimer la religion traditionnelle africaine. Alfonso était demandeur d'un vrai partenariat. Au lieu de cela, on installa des comptoirs négriers pour acheter ses propres sujets, et lui-même échappa à un attentat à l'église, au beau milieu d'une messe[22].

Les relations tumultueuses du Kongo avec les Portugais

En nouant des relations avec les Portugais, le Manikongo n'était sans doute pas bien informé sur leurs véritables intentions. C'est en mettant en avant la religion, la livraison d'armes aux alliés et ensuite l'élaboration d'une stratégie politique de diviser pour régner, diviser pour imposer sa domination, que le Portugal réussit à déstabiliser le Kongo. Avec la découverte et l'exploitation du Brésil, les Portugais se tournent vers la très profitable traite des Noirs. Aujourd'hui le Brésil comptabilise plus de 82 millions d'Afro-descendants, dont une bonne partie est originaire de cet empire du Kongo. En fait, c'est parce que les Portugais ont vu les Arabes pratiquaient la traite esclavagiste des Noirs en Afrique occidentale et sur les côtes de l'océan Indien, qu'ils se sont à leur tour adonnés à cette pratique ignoble. L'esclavage est un des premiers facteurs ayant mis fin à la cohésion sociale dans

---

[22] Joseph Ki-Zerbo, *À quand l'Afrique*? Entretien avec René Holstein en 2003 et publié en 2013, p. 112.

l'empire du Kongo. Il a favorisé des guerres incessantes et une insécurité jamais observée jusque-là. La traite des Noirs au Kongo, affaiblit les royaumes vassaux, les provinces côtières et par la suite tout l'empire. Les marchands portugais traitaient directement avec les vassaux du roi et sapaient ainsi le pouvoir central. En 1526, le Manikongo écrivit au roi Jean III de Portugal, lui demandant de mettre fin à cette pratique (Louis Jardin et Mireille Dicorato, 1974). Sa requête reçut une réponse cynique et les relations entre le Portugal et le Kongo. À sa mort, en 1548, Ndo Nzuawu était déconsidéré. Le Kongo commença à devenir de plus en plus faible jusqu'à se disloquer et attirer les convoitises de ses voisins. L'histoire se répète donc parce que c'est la même réalité qui s'est passée avec les grands empires ouest-africains médiévaux après leurs contacts avec les Arabes par le biais de l'expansion musulmane.

Pour revenir au Kongo, notons que pendant la période d'instabilité sociale provoquée par l'esclavage, le pouvoir politique devint difficile à garder. Les successions tournaient toujours en querelles et en affrontements. C'est ainsi qu'après la mort du roi Jean Ier Nzinga Nkuvu, la mère d'Alphonse craignant que Mpanza et les conservateurs (restés majoritaires à Mbanza Kongo) ne prennent le trône, dissimula le décès au roi le temps d'avertir son fils. Lorsque la nouvelle fut officiellement annoncée, Mbemba était déjà aux portes de la capitale avec l'ensemble de ses troupes, les plus nombreuses et les plus expérimentées de l'empire à l'époque. Il fut élu roi malgré les protestations de son frère Mpanzu et grâce aux armes des Portugais qui soutenaient le progressiste qu'ils voyaient en lui. Une fois au trône, Mbemba gouverna avec des prêtres portugais qui le radicalisèrent dans sa foi et dans l'occidentalisation du pays. Son cousin maternel Mpanza, opposé à la christianisation, leva une armée pour prendre le pouvoir avec le soutien de tous les conservateurs anti-occidentalisation alors majoritaires. Lors de la bataille qui s'ensuivit entre les troupes des deux frères, Mpanzu serait vaincu grâce à l'apparition de Saint-Jacques-le-Majeur dans le ciel, venu au secours de Mbemba qui l'avait invoqué en prière. Ce qui mit les armées de Mpanzu en débâcle. Afonso Ier Mbemba Nzinga immortalisa cet évènement par un blason que ses successeurs allaient utiliser pendant trois siècles au cours des guerres, jusqu'en 1860. Pour gagner la confiance de leur nouvel allié, les Portugais lui firent les plus grandes faveurs. Il est le premier roi africain reconnu par une nation européenne et par le pape. Il eut le droit d'avoir son propre ambassadeur auprès de ce dernier. En retour, il construisit des églises, modernisa son administration fiscale et tenta de créer des manufactures locales. Donner par la main droite et reprendre par la main gauche, était la pratique politique et diplomatique des Portugais en Afrique et notamment dans l'empire du Kongo. En effet c'est pendant ces moments d'alliances que les Portugais se lancèrent dans la traite des Noirs notamment des personnes capturées parmi les ennemis du Kongo en temps de guerre. Les Portugais jouèrent aussi sur les images et les représentations qualifiant leurs adversaires de « sauvages », parce qu'ils n'ont pas tout simplement épousé la religion des nouveaux venus, le christianisme). Ces peuples du Kongo, décrites négativement par les envahisseurs portugais n'en étaient pas uns. Les Kongolais qui s'étaient opposés à l'établissement des Portugais dans leur empire, avaient simplement compris quelque chose de fondamentale pour la survivance de n'importe quelle société: «si tu abandonnes ta spiritualité pour adopter celle de ton agresseur, tu deviens son esclave à jamais[23]». On connait les moindres détails du règne de Mbemba ya Nzinga Afonso Ier, grâce aux très nombreuses et longues lettres qu'il envoyait au roi du Portugal expliquant ses sollicitations et préoccupations. Dans ces correspondances, on note que le *Manikongo* a eu ce qu'on appelle le retour du bâton. Certains témoignages écrits mentionnent qu'il s'est souvent plaint du comportement de nombreux fonctionnaires portugais. Ces lettres attestent bien de la croissance des appétits portugais sur le Kongo et les royaumes voisins. Ces documents renseignent aussi sur le fait que l'empereur du Kongo avait une boulimie du développement par les produits européens, ce qui a favorisé la dépendance de son empire au commerce avec les Portugais et son impuissance à faire face la pratique esclavagiste des Portugais sur les habitants du Kongo. On dit souvent qu'il faut se contenter de ce que l'on a, Alfonso Ier n'a pas appliqué cette

---

[23] Dicton asiatique.

belle recommandation du savant chinois Lao Tseu[24]. Non seulement il s'est vu trahir par ces soi-disant alliés, mais plus grave, il a perdu la plupart de ses soutiens dans l'empire. C'est pourquoi, lorsqu'il se plaignit de la dépopulation de son empire du fait que les nouveaux envahisseurs enlevèrent des enfants purs kongos et des fils de nobles issus de ses vassaux, il prêchait hélas dans le désert. Le constat était malheureusement trop tard. Toutefois, il essaya d'organiser et de règlementer chaque activité des Portugais, mais il ne réussit pas. Les Portugais bien établis sur l'île de Sao Tomé et Principe, commencèrent même à prendre racine au sud du royaume, l'Angola. En 1539 Afonso subit un attentat qui tua deux notables. Les coupables sont des Portugais. Alfonso meurt en 1543. Son histoire devrait inspirer les dirigeants de certains pays africains actuels qui préfèrent nouer des relations avec des puissances étrangères comme la France, la Chine, les États-Unis, l'Inde, la Russie ou les pays du Golfe au grand détriment des pays africains qui pourtant peuvent être de solides partenaires dans les échanges de produits disponibles dans le continent. Le partage et la meilleure dispersion des ressources africaines dans le continent est le soubassement d'une économie continentale forte et capable de résister à la concurrence sans limite des grandes puissances du monde.

Comme on le remarque, en plus d'avoir introduit la traite et la déportation des Noirs, d'avoir répandu des armes dans l'empire, le Portugal pratiqua une terrible politique de diviser pour régner dans cette partie de l'Afrique, comme il l'a fait en Afrique occidentale tel que mentionné dans les pages précédentes. En plus de l'expérience vécu par Alfonso Ier, les Portugais se sont ingérés dans les affaires politiques du Kongo notamment dans la lutte qui devait opposer Kanda dia Kwilu (Alvare Ier) et Nimi Lukenilua Mbemba (1568-1587) connu sous le nom de Roi lion. Après avoir réussi à dresser les différents rois sous domination du Kongo les uns contre les autres, après s'être parvenu à s'immiscer dans les modes de succession des Manikongo, le Portugal décide purement et simplement grâce à supériorité en armes

---

[24]« Savoir se contenter de ce que l'on a : c'est être riche. » (Lao Tseu).

plus sophistiquées et la possibilité d'avoir des alliés locaux qu'il peut utiliser les uns contre les autres, de créer officiellement la colonie d'Angola. Située au sud de l'empire, cette nouvelle colonie permit aux Portugais d'enraciner leur présence et de ne plus dépendre des structures administratives et humaines de Mbanza Kongo. Le premier gouverneur de la colonie portugaise d'Angola fut Dias de Novais. Celui-ci montra sa bonne foi et son désir de coopérer pleinement avec le Portugal. C'est dans ce contexte de roublardise, de perte de confiance entre l'empereur et ses alliés des différentes provinces et royaumes vassaux, des alliances contre nature avec les Portugais, que l'empire du Kongo commence à péricliter au 17e.

La décadence du Kongo

La déchéance de l'empire du Kongo est liée à plusieurs facteur même si la présence portugaise est sans aucun doute la cause la plu déterminante. Dans les pages précédentes, la nature des relation entre le Kongo et les Portugais a été examinée. Ici, il s'agit de montre les impacts de ces relations notamment sur la transmission du pouvoi et les querelles et guerres qui en ont résulté. On sait que le Fils d'Al fonso Ier avait été un grand allié des Portugais, pensant avoir trouv une bonne stratégie pour consolider son pouvoir. Toutefois, c'est tou l'inverse qui s'est passé. Il s'est affaibli, à cause de la trahison des op portunistes européens. C'est pourquoi son règne fut contesté et il pro voqua un chaos politique, social et économique dans son empire. L succession filiale introduite par son père selon les habitudes portu gaises n'était pas coutumière au Kongo, ensuite parce que le pays étai divisé entre les conservateurs et les modernistes, chrétiens et ances traux, pro-portugais et xénophobes. À cela, s'ajoute le fait que certain notables tout en se réclamant anti-chrétiens commerçaient libremen avec les Portugais. Ce qui accentua la perte de confiance envers cer taines élites kongolaises. Pierre, un pro portugais, fut vaincu par se rivaux, qui le renversèrent en 1545. Il n'eût la vie sauve qu'en se réfu giant dans une église. La présence et l'ingérence portugaise ont gran dement fragilisé le pouvoir central du Kongo. C'est ainsi que le règn de Bernard Ier (1561-1566) fut troublé par le chaos causé par la trait négrière mais.

Les luttes de pouvoir au sein de l'élite du Kongo affaiblirent l'autorité centrale du *mani kongo*. Les gouverneurs provinciaux, cherchant à accroître leur influence, commencèrent à se rebeller contre le pouvoir central. Cette fragmentation politique limita le contrôle du roi sur les provinces et affaiblit l'unité de l'empire, rendant plus difficile la gestion des affaires internes et externes.

Un autre facteur de taille qui a participé au déclin du Kongo est sans aucun doute la menace yaka[25]. Les Yakas, devenus de fidèles alliés des Portugais acquirent des armes plus puissantes. Ils effectuèrent ainsi des razzias sur certains territoires de l'empire du Kongo en capturant hommes, femmes et enfants qu'ils livraient comme esclaves aux Portugais. Ces Africains très peu patriotes et très peu solidaires avec les siens, réussirent à détruire une bonne partie orientale du Kongo par des pillages à répétition et des incendies. Incapable de se défendre, le Kongo se voit de nouveau envahi en 1568 par les mêmes Yakas et sa capitale Mbanza-Kongo détruite (Cros et Misser 2010, p. 122). Le roi Alvaro Ier dut demander de l'aide à Sébastien Ier de Portugal qui le rétablit en 1571. Inutile de dire qu'après ce soutien la suprématie portugaise allait devenir totale. Désormais, seuls maîtres et décideurs, les colons portugais d'Angola montèrent en 1665 une expédition contre le Kongo pour s'emparer de ses mines. En plus des esclaves, les Européens voulaient les mines du Kongo. Les Portugais furent victorieux, le *Manikongo* décapité et sa tête enterrée dans une chapelle située sur la baie de Luanda au cours d'une cérémonie religieuse, tandis que la couronne et le sceptre du Kongo étaient envoyés à Lisbonne comme trophée. Le métis Manuel Roboredo, auteur et prêtre capucin qui avait essayé d'empêcher cette dernière bataille, trouva également la mort. Cependant, le Kongo continua d'exister comme un État fantoche durant deux siècles. Des luttes persistèrent jusqu'aux indépendances, comme celle de la reine Ana Nzinga qui tint en échec les coalitions portugaises, néerlandaises et britanniques de 1626 à 1648 et freina l'expansion du commerce des esclaves. Ces sursauts nationalistes prirent parfois une forme religieuse comme lors de

---

[25] (Souvent mentionnés par Jaga dans les livres d'histoire à cause de l'inscription hollandaise qui prend J pour I)

la croisade de la prophétesse Ndona Kimpa Vita à qui saint Antoine de Padoue aurait ordonné d'unifier et libérer les Kongos. Elle fut condamnée au bûcher en 1706 par le *Manikongo* à la demande des Portugais. (Cros et Misser 2010, p. 123).

À travers l'expérience d'Ana Nzinga, reine du royaume de Ndongo et du royaume de Matamba dans l'actuel Angola ainsi que le rôle déterminant de Kimpa Vita dans l'empire du Kongo, on voit aussi la participation énorme des femmes dans la vie politique de cet État médiéval du Kongo au cœur de l'Afrique.

Évoquer les facteurs qui ont contribué au déclin du Kongo sans s'attarder sur l'impact du commerce des esclaves serait un péché impardonnable. En effet, l'introduction du commerce des esclaves par les Portugais au 15ᵉ siècle eut un effet dévastateur sur la société du Kongo. Bien qu'il ait initialement enrichi l'empire, il provoqua rapidement des tensions internes. Des attaques contre des villages pour capturer des esclaves alimentèrent les conflits, et la population du Kongo diminua. Malgré les tentatives de régulation du commerce par des rois comme Afonso Iᵉʳ, la dépendance à ce commerce augmenta, et les tensions entre factions rivales s'intensifièrent.

Le déclin économique est aussi à ranger au nombre des facteurs ayant participer à la chute du Kongo. En effet, la dépendance accrue du Kongo aux produits européens et la négligence de l'agriculture et de l'artisanat locaux, combinées à la traite des esclaves qui réduisait la main-d'œuvre, fragilisèrent fortement l'économie du Kongo. Les provinces semi-indépendantes, telles que Soyo, commencèrent à s'enrichir indépendamment, privant le pouvoir central de ressources cruciales. Le commerce intérieur, autrefois prospère, se dégrada sous l'effet de ces bouleversements.

Les multiples défis politique, économique, social et militaire finirent par provoquer un effondrement progressif du Kongo ou du moins sa fragmentation. Ainsi, au 18ᵉ siècle, l'empire Kongo était largement fragmenté. Les divisions politiques et la gestion autonome de certaines régions affaiblirent le pouvoir central, qui se réduisit à un rôle local. En 1888, sous la pression des puissances coloniales euro-péennes, une grande partie du Kongo fut intégré à l'État indépendant du Congo de Léopold II de Belgique et l'autre partie sous le joug des Portugais, marquant ainsi la fin de ce gigantesque empire au cœur de l'Afrique

L'héritage de l'empire du Kongo

L'héritage de l'empire du Kongo demeure profondément ancré dans les cultures et les traditions de plusieurs régions d'Afrique centrale ainsi que dans la diaspora africaine. Bien que l'empire ait disparu en tant qu'entité politique, son influence continue de marquer divers aspects de la société. Voici un résumé détaillé de cet héritage :

- *Influence Culturelle et Identité Collective*

Les traditions du Kongo, comme la danse, la musique, l'art et les récits oraux, perdurent dans les communautés d'Angola, de République Démocratique du Congo, de République du Congo et du Gabon. La langue kikongo, parlée dans le royaume, reste encore importante dans ces régions et a contribué à la formation du créole dans certaines communautés afro-diasporiques, notamment au Brésil et à Cuba. Les descendants des Kongos continuent de célébrer cet héritage culturel comme un symbole de leur autonomie et de leur richesse historique.

- *Religion et Influence Spirituelle*

L'empire du Kongo a été un des premiers royaumes d'Afrique centrale à adopter le christianisme au 15ᵉ siècle, intégrant des croyances traditionnelles à la religion chrétienne pour créer une forme syncrétique unique. Ce christianisme kongo a perduré, particulièrement à travers le mouvement des Antonians dirigé par Kimpa Vita au 18e siècle. Cette fusion spirituelle se retrouve aujourd'hui dans des pratiques religieuses afro-diasporiques comme la santería à Cuba et le candomblé au Brésil.

- Héritage Politique et Idées de Gouvernance

L'organisation politique du Kongo, centrée sur un gouvernement centralisé et des provinces semi-autonomes, a inspiré les structures de gouvernance dans d'autres royaumes de la région. Les principes de consultation des chefs et de justice restaurative influencent encore certains systèmes politiques locaux. Ce modèle politique a également inspiré des mouvements modernes en République Démocratique du Congo et en Angola, qui revendiquent l'héritage du Kongo pour soutenir l'identité culturelle et les revendications autonomistes.

- Impact sur la Diaspora Africaine

L'héritage du Kongo a traversé l'Atlantique lors de la traite des esclaves, influençant les communautés afro-descendantes dans les Amériques. Des éléments culturels du Kongo, comme les rituels et les croyances, se retrouvent dans des pratiques spirituelles afro-diasporiques comme le vaudou en Haïti, la santería et le candomblé en Amérique latine. De plus, les rythmes et instruments kongo ont eu un impact notable sur la musique afro-descendante, influençant des genres comme le jazz, la rumba et la samba.

- Patrimoine et Mémoire Historique

L'histoire du Kongo est aujourd'hui célébrée comme un patrimoine précieux. Des musées et des centres culturels consacrent des études sur l'empire, et la ville de Mbanza Kongo, ancienne capitale, est désormais un site classé au patrimoine mondial de l'UNESCO. Cette mémoire historique se perpétue à travers les récits des rois et des figures comme Afonso I et Kimpa Vita, renforçant l'identité collective et la résilience du peuple kongo.

- *Symbolisme de Résistance et de Fierté*

Le Kongo est perçu comme un symbole d'autonomie et de résistance face aux influences coloniales. Des figures historiques comme Afonso I et Kimpa Vita sont des symboles de la lutte contre l'oppression et de la préservation des valeurs culturelles. Cet héritage inspire aujourd'hui des mouvements de réappropriation de l'histoire et de renouveau identitaire en Afrique centrale.

En résumé, on peut dire que l'héritage du Kongo continue d'influencer la culture, la politique, la religion et les pratiques sociales en Afrique centrale et dans la diaspora. Bien que le royaume ait perdu son pouvoir politique, il demeure un symbole de résistance, de fierté et de richesse culturelle. Cet héritage est célébré et étudié comme une partie essentielle de l'histoire africaine, inspirant des générations actuelles et futures à reconnecter avec leur passé pour en tirer des leçons et renforcer leur identité.

- *Politique, juridique, économique*

L'héritage politique, juridique et économique du Kongo continue d'influencer de manière significative l'Afrique centrale et la diaspora africaine. Bien que le royaume ait disparu, ses pratiques et valeurs se reflètent encore aujourd'hui dans les sociétés contemporaines. Voici un résumé détaillé de cet héritage :

- *L'héritage Politique*

Structure politique décentralisée : Le Kongo possédait une structure politique à la fois centralisée et décentralisée, avec un mani kongo (roi) qui exerçait le pouvoir central, et des gouverneurs locaux ou chefs de provinces jouissant d'une certaine autonomie. Ce modèle a inspiré des systèmes fédéraux et des formes de gouvernance locale dans la région.

- Gouvernance consultative :

Le *mani kongo* gouvernait en consultation avec un conseil composé de nobles, chefs militaires et conseillers religieux. Ce modèle de gouvernance par consensus, appelé muhoko, reste valorisé dans certaines pratiques politiques modernes, où les conseils locaux continuent de jouer un rôle important dans la prise de décision.

- Symbolisme de l'autorité :

Le Kongo est devenu un symbole d'autorité et d'indépendance politique. Il a inspiré de nombreux mouvements de libération nationale en Afrique centrale, particulièrement en République Démocratique du Congo et en Angola, où l'histoire du royaume a servi de modèle d'unité et de résistance face aux influences étrangères.

- L'héritage juridique

Systèmes de justice et réconciliation : La justice kongo était fondée sur la réconciliation et la restauration, favorisant le dialogue et les arrangements pour réparer les torts plutôt que de punir. Cette approche de justice restaurative influence encore certains systèmes juridiques communautaires en Afrique centrale, où la médiation et les réparations jouent un rôle important dans la résolution des conflits.

- Lois coutumières et code de conduite : L'empire du Kongo se basait sur un ensemble de lois coutumières qui régissaient les interactions sociales, familiales et les relations entre provinces. Ces lois ont traversé le temps et sont intégrées dans le droit coutumier moderne, influençant des domaines comme la propriété, le mariage et la succession.

- Protection des plus faibles : Le système juridique du Kongo mettait un accent particulier sur la protection des personnes vulnérables, telles que les femmes et les enfants. Cette tradition de protection sociale est encore présente dans les législations modernes qui cherchent à garantir les droits des groupes fragiles.

- Héritage Économique

Réseaux d'échange et marchés locaux :

Le Kongo possédait un réseau structuré de marchés locaux et de routes commerciales qui reliaient différentes régions. Ces pratiques commerciales restent cruciales dans l'économie informelle de l'Afrique centrale actuelle, où les marchés locaux jouent un rôle essentiel dans l'approvisionnement en biens et services, favorisant l'interconnexion économique des régions.

• Monnaies traditionnelles : Le Kongo utilisait des monnaies symboliques, telles que des tissus de raphia et des croix de cuivre, comme moyens d'échange. Ces objets ont évolué pour devenir des symboles de richesse et de prestige et témoignent d'une économie sophistiquée qui valorisait certains biens culturels.

• Influence dans le commerce diasporique : L'héritage économique du Kongo a également marqué la diaspora. Les Africains d'origine kongo ont joué un rôle dans les réseaux commerciaux des colonies des Amériques, et des pratiques commerciales inspirées de cet héritage sont toujours présentes dans des pays comme le Brésil et Cuba, où les descendants d'Africains maintiennent des liens communautaires renforcés par ces traditions économiques.

N gros, on peut dire que l'héritage politique, juridique et économique du Kongo continue de vivre, non seulement en Afrique centrale mais aussi dans la diaspora africaine. Ses valeurs de gouvernance consultative, de justice restaurative et ses pratiques économiques basées sur l'échange communautaire ont perduré et influencent encore aujourd'hui les sociétés modernes. Ce riche héritage témoigne de l'importance du Kongo dans la formation des identités africaines et diasporiques et dans l'évolution des structures politiques, juridiques et économiques de la région.

Conclusion générale

Le Kongo faisait partie des grands empires africains de l'époque médiévale et même longtemps plus tard, puisqu'il a survécu jusqu'au 19ᵉ siècle amputé majoritairement de ses provinces et sans aucune force politique et militaire. À l'instar des empires africains du Moyen-âge, le Kongo était originellement un tout petit royaume avant de devenir un véritable empire grâce aux conquêtes de Lukeni et de ces successeurs. Durant la période pré-portugaise, le Kongo était prospère économiquement, stable politique, soudé socialement et uni culturellement. Cependant, avec la christianisation, les relations nouées avec le Portugal, la circulation des armes à feu, l'ingérence européenne, la saignée démographique à cause de la traite esclavagiste entraînant des guerres de succession et des conflits ethniques entre les différents royaumes vassaux de l'empire, le Kongo entra dans la période la plus trouble, la plus sombre et la plus mortifère de son histoire. La réunification essayée par Kimpa Vita et ses alliés, n'a pas permis de retrouver la grandeur d'antan. Devenu faible, vulnérable et l'ombre de lui-même, le Kongo ne put rien faire contre les impérialistes quand sonna le glas du fameux *scramble for Africa* (la ruée vers l'Afrique) vers la fin du 19ᵉ siècle. À la conférence de Berlin en 1884-1885, les puissances européennes se partagèrent l'Afrique. Le Portugal, s'appuyant sur des traités antérieurs signés avec l'empire Kongo, revendiqua et obtint sa souveraineté sur une bonne partie des territoires qu'il occupait depuis les 15ᵉ et 16ᵉ siècles. Léopold II de Belgique quant à lui prit possession en 1875, à titre personnel, d'un très vaste territoire couvrant deux millions et demi de kilomètres carrés qu'il appela l'État indépendant du Congo. Une bonne partie de son territoire appartenait à l'ancien empire du Kongo. Dans le Nord-Ouest, les Français établirent une colonie d'une superficie de plus de 500000 km² (actuels Congo-Brazzaville et Gabon). En 1914, après une révolte, le Portugal abolit le titre de roi du Kongo.

Sources:

Adjou-Moumouni, B., *Le code de vie du primitif Sagesse africaine selon Ifa Tome 2*, Éditions Ruisseaux d'Afrique, Cotonou, Bénin, 2008.

Anonyme (traduit et éd., par François Bontinck), « Histoire du royaume du Congo (1624) », *Études d'Histoire africaine, vol. IV*, 1972.

Balandier, G., *La Vie quotidienne au royaume de Kongo du XVIe au XVIIIe siècle*, Paris, Hachette, 1965.

Batsîkama, R., *L'Ancien Royaume du Congo et les Bakongo*, Paris, L'Harmattan, 1999.

Batsîkama, R., *Voici les Jagas ou l'histoire d'un peuple parricide malgré lui*, p. 259, ONRD, Kinshasa, 1971.

Clist, B.,«Pour une archéologie du royaume Kongo: la tradition de Mbafu», *Kongo King Research Group, Department of Languages and Cultures*, Ghent University, Belgium, 2012.

Cros. M-F. et Misser, F., *Le Congo de A à Z*, André Versailles, 2010.

Duarte Lopes et Filippo Pigafetta (trad. Willy Bal), *Le Royaume de Congo [Kongo] & les Contrées environnantes (1591)*, Chandeigne/ Unesco, coll. « Magellane », 2002, 384 p.

Dartevelle, *Les « Nzimbu », monnaie du royaume du Congo*, Bruxelles, 1953.

Hilton, A., *The Kingdom of Kongo*, Clarendon Press 1985.

Jardin, L. et Dicorato, M., « Correspondance de Dom Alfonso, Ro
du Congo 1506-1543 », *Académie royale des sciences d'Outre-Mer*, 1974.

Ki-Zerbo, J., *À quand l'Afrique? Entretien avec René Holstein en 2003*
publié aux Éditions, d'en Bas en 2013.

Lembe Masiala, N., *Quelques éléments de l'oralité dans la palabre Kin
zonzi, en pays kongo (RDC)*, Éditions Publibook, 2011.

Margarido, A., "L'ancien royaume du Congo (note critique)", *An
nales Année 1970* 25-6 pp. 1718-1726.

Mayoulou, E., *Aux croisements des Koongo nord-occidentaux: les Mikengu*
et les Bouenza, Paris, Publibook, 2003.

Ndaywel è Nziem, I., *Nouvelle histoire du Congo*, Le Cri, 2009.

Nganga, A. F., *Monseigneur Dom Henrique Ne Kinu A Mvemba (1495*
1531) : Premier noir évêque de l'église catholique, Saint-Denis (France).

Seillier, J., *Atlas des peuples d'Afrique*, La Découverte, 2003.

William Graham Lister Randles, *L'ancien royaume du Congo des origine*
à la fin du XIXᵉ siècle, Éditions de l'École des hautes études en sciences
sociales, 2002.

ANNEXES :

Le royaume du Kongo et ses liens diplomatiques et commerciaux anciens avec l'Europe

Le royaume du Kongo est l'un des anciens royaumes d'Afrique dont l'histoire est la mieux documentée.

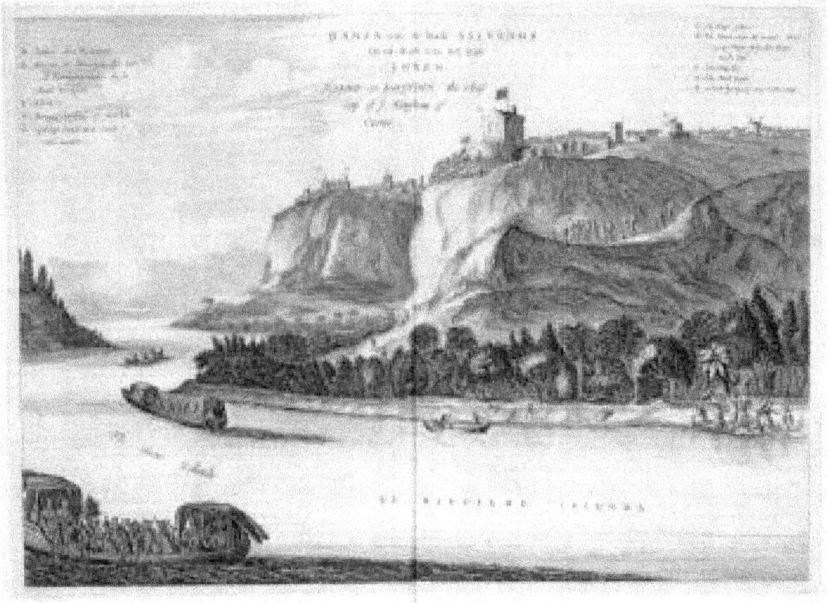

Mbanza Kongo (São Salvador). Gravure. De O[lfert] Dapper, Naukeurige beschrijvinge der Afrikaensche gewesten, 1668, p. 562-63.

Lorsque des marins portugais arrivent au large du royaume du Kongo en 1483 en quête d'alliances politiques et commerciales, le royaume est déjà un État puissant et centralisé, qui fait forte impression sur ses visiteurs. Ainsi, en 1491, l'ambassadeur milanais à Lisbonne compare la capitale Mbanza Kongo à la prestigieuse ville d'Évora, résidence royale au Portugal.

Carte du royaume du Kongo vers 1650. Comme on peut le voir, le royaume du Kongo couvrait à son apogée des territoires de l'Angola, de la RD Congo et de la République du Congo.

Cooksey, Susan, Robin Poynor, Hein Vanhee et Carlee S Forbes, éd. 2013. *Kongo across the Waters*. Gainesville : University Press of Florida. Page 16.

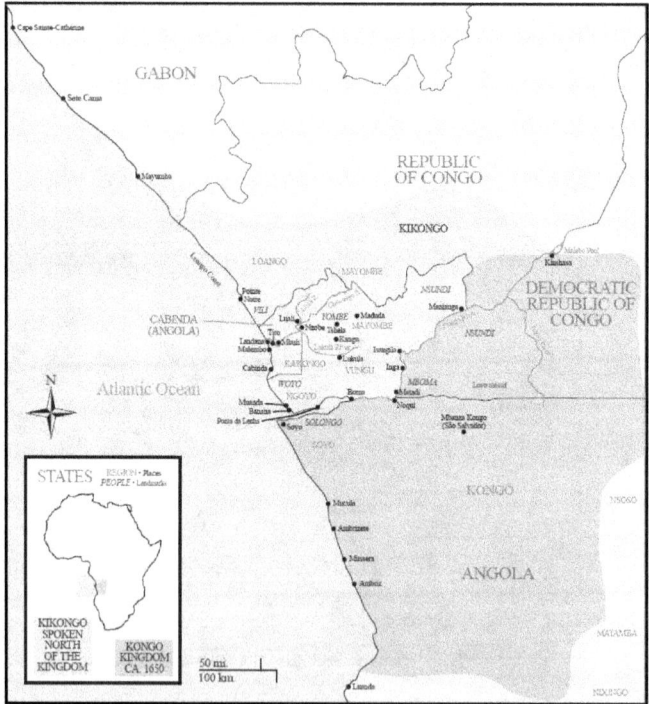

Une ouverture rapide au catholicisme

En 1491, moins de dix ans après les premiers contacts avec les Portugais, le roi Nzinga a Nkuwu (1483-1509) se convertit au catholicisme. Il prend alors le nom du roi portugais, João I. Les jeunes kongolais éduqués en Europe écrivent les lettres que le roi envoie au Portugal.

Son fils, le roi Afonso I contribue à développer et répandre la religion chrétienne au sein de son royaume. Il envoie des étudiants en Europe et étudie lui-même la religion chrétienne.

Un intérêt pour la culture européenne, mais un maintien d'autonomie

Afonso I tente également d'établir des relations directes avec le Vatican. C'est ainsi qu'en 1513, il envoie son fils Henrique au Vatican afin qu'il devienne évêque. L'intention d'Afonso I est de rendre l'Église du Kongo indépendante et autonome, à l'instar de celle du Portugal. En 1518, Henrique devient évêque, avec le statut « *in partibus infidelium* » (« dans les contrées infidèles »). Lorsqu'il retourne au royaume du Kongo, ce statut lui permet de nommer lui-même les prêtres kongolais pour répandre le christianisme au sein du royaume. Henrique meurt en 1531. En 1534, la papauté déclare l'Église du Kongo comme étant une branche du siège établi sur l'île portugaise de São Tomé, ce qui redonne aux Portugais une plus grande influence politique.

Si Afonso I montre un intérêt pour ce que pouvait lui apporter le Portugal, notamment l'alphabétisation, il résiste fermement aux tentatives portugaises de s'installer profondément dans son territoire. Il se réserve le droit d'accès à son royaume. Vers 1515, il s'oppose aux liens commerciaux que le Portugal noue avec le royaume voisin du Kongo, le royaume du Ndongo. Il refuse également de céder le contrôle de la traite des esclaves. Au début des années 1510, ce sont plusieurs milliers d'esclaves qui sont vendus chaque année, notamment pour travailler dans les plantations de sucre à São Tomé.

Des ambassadeurs africains en Europe

Buste de marbre d'Antonio Manuel, ambassadeur du royaume du Kongo à Rome. Buste réalisé par Francesco Caporale (actif ca. 1606-30) et conservé au Battistero di Santa Maria Maggiore, Rome.

Photo tirée de l'ouvrage :

Cooksey, Susan, Robin Poynor, Hein Vanhee, and Carlee S Forbes, eds. 2013. *Kongo across the Waters*. Gainesville: University Press of Florida. Page 53.

Les chefs kongo perdent leur souverainet(

En Afrique centrale, la traite des esclaves dans l'Atlantique – qu
débute au 16ᵉsiècle. – prend fin en 1866. Dans les années 1870, le
communautés africaines de la côte atlantique et des rives des fleuve
Chiloango et Congo répondent alors en masse aux demandes de ma
tières premières des pays occidentaux en voie d'industrialisation en s(
tournant vers la production d'huile de palme, d'ivoire, de caoutchouc
d'arachides ou encore de café.

Les chefs kongo et leurs factions politiques alliées occupent de
positions stratégiques le long de rivières navigables et de grande
routes commerciales terrestres. Afin de protéger leur commerce, il
contrôlent minutieusement les mouvements des marchands euro
péens à l'intérieur des terres. Ainsi, dans les années 1850, la compa
gnie Hatton & Cookson de Liverpool a un accord qui leur permet d(
remonter la rivière Chiloango, mais pas au-delà du village de Tiro, à {
km de la côte. Des barrages et des gardes avec des flèches empoison
nées assurent le respect de cette mesure. Au début des années 1870
des Allemands notent la présence de plusieurs postes de péage dan
le Mayombe. Les caravanes commerciales y sont inspectées et taxées

Ainsi, jusque dans les années 1880, les commerçants européen
achètent leurs marchandises principalement le long des côtes et à
l'embouchure du fleuve Congo, selon des conditions qui sont er
grande partie déterminées par des Africains.

Les années 1880 marquent le début d'une nouvelle ère. Les chef
kongo sont souvent dupés en signant des traités par lesquels ils cèden
leur souveraineté aux États européens en échange d'un faible tribut
Après la conférence de Berlin de 1885, les terres intérieures d(
l'Afrique sont conquises et occupées *manu militari*, ce qui s'accom
pagne de violences extrêmes et de résistances. L'objectif de

puissances européennes est alors d'obtenir un contrôle direct sur les ressources naturelles, la main d'œuvre et la production. Dans l'État indépendant du Congo de Léopold II, les « terres vacantes » sont cédées à des sociétés coloniales. Afin d'exploiter notamment ivoire et caoutchouc, ces sociétés imposent à la population un travail forcé, souvent dans des conditions inhumaines.

Au début du 20ᵉ siècle., la consolidation du régime colonial entraîne l'appauvrissement des chefs et des commerçants kongo dans toute la région du Bas-Congo.

Ces quelques éléments de la longue histoire du royaume du Kongo permettent de
déconstruire certains stéréotypes sur l'histoire du continent africain et la colonisation
:

- Avant la colonisation belge, les Africains ne vivaient pas comme
des « tribus », indépendamment les uns des autres. Il existait en
Afrique de puissantes structures politiques et économiques.

- Lorsque Léopold II envoie des militaires au Congo, les États que
ces derniers rencontrent dans les régions côtières ont déjà une longue
histoire commune avec l'Europe. Les liens entre l'Afrique et l'Europe
remontent à plusieurs siècles avant la colonisation belge.

- Comme les Européens, les populations d'Afrique centrale se dé-
plaçaient, souvent sur de grandes distances, et entretenaient de
grandes routes commerciales. Les « pionniers » belges ne traversaient
pas de « jungles » lors de leurs « explorations ». Ils empruntaient des
routes commerciales vieilles de plusieurs siècles.

- Terres et ressources étaient déjà exploitées, bien avant l'arrivée
des Européens.

Dom Miguel de Castro était ambassadeur du royaume du Kongo aux Pays-Bas dans les années 1640. Tableau réalisé par Jasper Beckx (actif ca. 1627-47). Huile sur toile, 75 x 62 cm. Statens Museum for Kunst, Copenhagen

Kongo et ses voisins au 17ᵉ siècle

Loango

Loango

Rio Congo (Zaire)

Kakongo

Malemba

Nsundi

Mpangu

Cabinda

Ngoyo

Mbula

Kibangu

Mbata

Mpinda

Soyo

● S.Salvador

Rio Ambriz

Macondo

Sosso

Mpemba

Oando

Wembo

Rio Nkisi

Mbamba

Ambriz

Rio Loge

Mossul

Ambulla

Rio Dande

Luanda

● Mbanzas
〜 Rios
■ Portos

Mbanza Kongo à son apogée

La cour du roi du Kongo au 17e siècle

Mbanza Kongo rebaptisée San Salvador par les Portugais

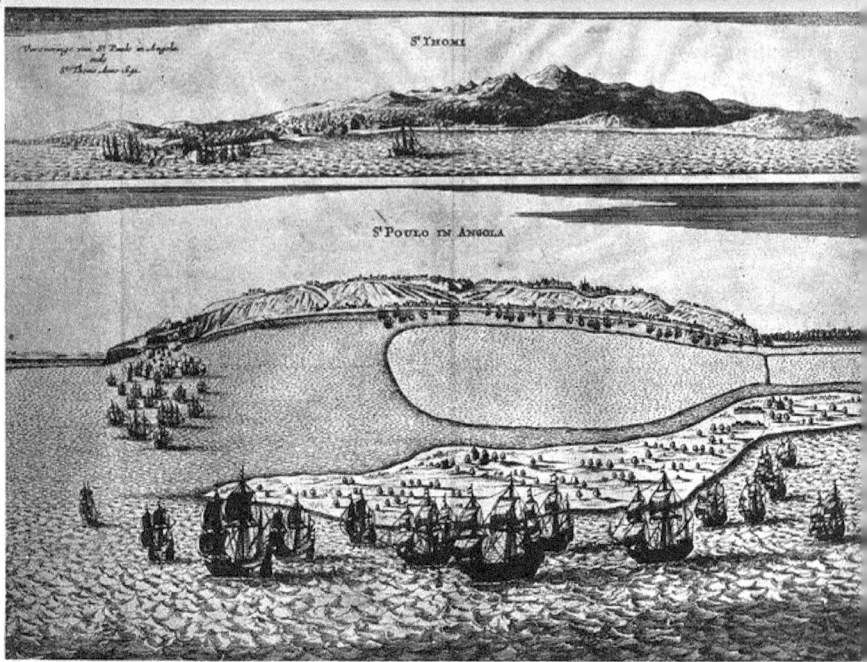

La ville portuaire de Luanda au 17ᵉ siècle

La reine Nzinga, celle qui a opposé une résistance farouche aux envahisseurs portugais

La prophétesse Kimpa vita

La traite esclavagiste au Kongo par les Portugais

Les ruines de Mbanza Kongo capitale du Kongo

Table des matières

LE KONGO 1350-1880...3

Plus qu'un royaume, un très vaste empire au cœur de l'Afrique centrale 3

    Du même auteur..5

    Dédicaces 6

    Remerciements..7

    Citations 8

    Avant-propos 10

Introduction...13

    La question des sources 19

        Les sources écrites 19

        Les sources orales 21

        Les sources archéologiques 23

    Les origines du Kongo : Fondation et évolution vers un empire..............................26

Quelques grands rois du Kongo 28

    Organisation administrative et politique 31

L'organisation judiciaire au Kongo...35

    L'économie du Kongo..38

    L'arrivée des Portugais et les bouleversements au Kongo......................................43

    Les relations tumultueuses du Kongo avec les Portugais....................................45

    La décadence du Kongo...50

L'héritage de l'empire du Kongo 54

Conclusion générale..59

    Sources: 61

ANNEXES : 63

Le royaume du Kongo et ses liens diplomatiques et commerciaux anciens avec l'Europe 63

Résumé :

Ce livre apporte une rectification à une grosse erreur historique ou même une falsification historique entretenue depuis des siècles dans les livres d'histoires et manuels scolaires, celle de considérer l'immense Kongo comme un simple royaume alors qu'il s'agissait d'un gigantesque empire s'étirant sur une superficie de plus de 4 millions de Km² (un territoire plus grand que l'Europe occidentale), allant du nord de l'Angola, où se trouvait sa capitale Mbanza Kongo (devenue San Salvador sous la domination portugaise) jusqu'à l'actuelle République Démocratique du Congo en passant par le Congo Brazzaville et une partie du Gabon. En plus de corriger cette erreur, le livre aborde des questions majeures que le Kongo avait réussi à résoudre pour vivre dans la prospérité économique, l'unité politique, la cohésion sociale et une vaste aire culturelle encore visible dans les différentes ethnies de cette région de l'Afrique. Avec l'arrivée des Portugais au 15ᵉ siècle, des prédateurs plus armés et qui ont systématiquement pratiqué la politique du diviser pour régner, mais surtout avec l'introduction de l'esclavage et l'abandon des formes de croyances ancestrales au profit de la religion catholique des nouveaux venus, le géant empire du Kongo finit par entrer dans une longue décrépitude à partir du 17ᵉ siècle, restant l'ombre de lui-même jusqu'au partage et la colonisation de l'Afrique par les puissances européennes à la conférence de Berlin 1884-1885. L'Afrique post coloniale, l'Afrique du 21ᵉ siècle qui se cherche sur les plans économique, politique, social, culturel, intellectuel, etc., doit se réapproprier ses grands États médiévaux au rang desquels se trouve incontestablement le Kongo.

Titulaire d'un Doctorat en histoire à l'université Paris 7 en France (spécialisation histoire coloniale de l'Afrique), d'une Maîtrise en science politique à l'université Paris I Panthéon La Sorbonne (spécialisation politique africaine) et d'un Baccalauréat en enseignement à l'université Laurentienne à Sudbury en Ontario, Amadou Ba vit au Canada où il enseigne l'histoire de l'Afrique à Nipissing University (North Bay Ontario). Il donne aussi des cours à la Faculté des sciences de l'éducation et au département de science politique à l'Université Laurentienne (Sudbury). Amadou Ba est auteur de plusieurs livres dont: *L'Afrique des Grands Empires (7ᵉ-17ᵉ siècles) 1000 ans de prospérité économique, d'unité politique, de cohésion sociale et de rayonnement culturel*, ou encore *L'histoire oubliée de la contribution des esclaves et soldats noirs à l'édification du Canada (1604-1945)*.

Sturgeon Falls Ontario Canada

2024

Les Éditions AB Alke Bulan

ISBN:

9 781777 742836

86

www.ingramcontent.com/pod-product-compliance
Lightning Source LLC
LaVergne TN
LVHW051426080426
835508LV00022B/3261